# 等身大の定年後

## お金・働き方・生きがい

奥田祥子

JN249829

光文社新書

# はじめに

「僕の前に道はない。僕の後ろに道は出来る」。高村光太郎の代表作『道程』の出だしを何度、反芻《はんすう》し、己に言い聞かせたことだろう。

社会人になったのが20代後半と遅く、地方紙の記者を経て全国紙に転職後もキャリア形成ではそれなりに苦労したこともあって、自身の定年後に対する意識は高かったほうだと思う。40歳で初の著書を刊行したのと同時に、大学院の博士課程で研究を再開した。それも当初から大学教員を目指していたわけではなく、中途入社の自分にも社内でもっと活躍のチャンスを与えてもらいたかった。そして、セカンドキャリアにつなげたかった。だがその志を果たすことなく、50歳で新聞社を介護離職する。早めに計画を立てて実行したつもりでも、キャリア人生、何が起きるかわからない。痛切に感じた。

思い通りにいかない。それでも試行錯誤しながら、自ら道を切り開いていくしかない。それがセカンドキャリアへの道程なのではないか。

「〈等身大〉の定年後を知ってもらいたい」――。長年の継続取材も踏まえ、そんな強い思いに衝き動かされたのが、本書を上梓することになったきっかけである。

人生100年時代を迎え、日本企業の大半が定年とする60歳は黄昏時ではあるものの、もはや一通過点でしかない。それだけに、定年を機とする自身の働き方や生き方に関心を抱き、また定年前後で大きく変わる職場環境や賃金など処遇に戸惑い、思い悩む人は多い。

「定年後」が書籍、中でも新書のテーマとして耳目を集めて久しい。だが、幾多の「定年本」を読んでも、失礼ながらどこかしっくりとこない。キャリア形成や労働政策、経済、金融のプロなどそれぞれの専門領域から綿密な現状分析や鋭い課題の指摘などがなされていて、有益な情報ではあるのだが、一部で紹介されている事例からは、定年後を生きる人たちの「生」の姿が浮かび上がってこないのだ。

セカンドキャリアを切り開くために孤軍奮闘しているシニア世代[*1]の人々は、本書でも紹介するように、もっと泥臭くて情動的、そして弱り果てているように見えて、実は逞《たくま》しい。

筆者はまさに定年世代。第5章でも紹介する「均等法第一世代」だ。定年後に関する取材・執筆は新聞社に在籍していた30代前半から二十数年間続けており、著作の一部でも発表してきたが、定年後をメインテーマとするのは本作が初めてである。

急速な少子高齢化の進行を背景に、労働力不足を補い、社会保障制度の持続可能性を高めるため、60歳を過ぎても働き続けることが可能な環境整備が進んでいる。働く側も経済的理由だけでなく、生きがいや健康維持などさまざまな理由で定年後の就業継続を望むケースが増えている。

総務省統計によると、２０２２年の65歳以上の就業者数は９１２万人。全就業者の約７人に１人（13・６％）を高齢者が占める。[*2] 65歳以上の就業率は25・２％で、年齢別では65～69歳は50・８％、70～74歳は33・５％と上昇し続けている。

内閣府の「令和５年（23年）版高齢社会白書」（「高齢者の経済生活に関する調査」令和元年度より）では、現在収入のある仕事をしている60歳以上の人に「何歳ごろまで収入を伴う仕事をしたいか」と尋ねたところ、「働けるうちはいつまでも」が約４割（36・７％）を占めて最も多く、次に「70歳くらいまで」（23・４％）、「75歳くらいまで」（19・３％）と続いた。「80歳くらいまで」（７・６％）を含め、収入のある仕事をしている60歳以上の実に９割近く

（87・0％）が70歳くらいまで、またはそれ以降も働きたいと答え、高齢者の就業意欲の高さが明らかになっている。

そんな中、多くの日本企業で人員構成上のボリュームゾーンを占めるバブル世代が今、定年を迎えているのである。


定年後の働き方については、経済的事情や本人の定年後就労に対する考え方、価値観など、目的も動機も人それぞれだ。誰もが満足できるモデルケースなど存在しない。

そうした現状を踏まえたうえで、本書では定年後の働き方が収入面や生きがい創出に及ぼす影響を含め、人生のセカンドステージをどのようにかたちづくるかを探るため、次の五つに分類した。

同じ会社で継続雇用される再雇用、転職、さらに雇用される側から事業者に転じるフリーランス（個人事業主）、NPO法人などでの社会貢献活動、そして管理職経験者のロールモデルに乏しい女性の定年後――である。長期間に及ぶ継続インタビューをもとに、あるがままの〈等身大〉の定年後を浮き彫りとし、現状と課題とを分析したうえで、労使双方に向けて解決のためのヒントを提案したい。

本書の特徴は、最長で二十数年にわたり、同じ取材対象者に継続的にインタビューを行ってきた点だ。現時点の年齢で60代前半を中心に、50代半ばから70代前半まで男女合わせて約1000人の取材協力者の中から、長時間に及ぶ「語り」と表情、身振りなどの非言語コミュニケーションの記録を分析して類型化し、典型的な事例を紹介している。定年時、またはそれに近い年齢まで勤務していた会社の規模は、大企業から中堅、中小企業まで偏らないよう配慮した。取材データはパソコンに打ち込んでテキストデータ化しているが、当時の手書きの取材ノートにも、印象的な言葉やキーワード、文字の大きさ、感嘆符、赤の下線による強調など、筆者が傾聴し、観察した記録が詰まっており、大いに役立てている。

取材開始時から定年後だけにフォーカスしていたわけではない。幅広く労働問題をテーマにインタビューを続ける過程から、定年前後の時期だけでなく、例えば30代、40代の課長、部次長時代にどのような価値観や姿勢で仕事・会社と向き合っていたのか、また将来の定年後のキャリア設計をどこまで描いていたのか、などを振り返ることで、セカンドキャリアの明暗を分けた考え方や行動も読み取っていただけるのではないかと思う。

長期間の継続インタビューにより、過去のある時点では押し殺していたつらさや苦しみなどのネガティブな感情を、取材を重ねるプロセスで徐々に明かし、また隠していた本音を打ち明けてくださるケースも少なくない。男性で顕著な傾向だ。ある一時点だけを切り取ったインタビューではわかり得ない問題の真相に迫り、人々の繊細で複雑な心の機微に触れることができたのではないかと考えている。

全6章構成で、第1章「再雇用は『価値観の転換点』」は、定年を境とした急激な賃金など処遇の悪化に戸惑いながらも、再雇用期間を前向きに捉えて行動するためにカギを握るのは何か、などを考える。第2章「転職で『再チャレンジ』」では、年功序列型の賃金体系で同じ会社に勤めてきたケースの多い現在の定年世代が、転職を成功させるために必要な準備や意識について探る。

第3章「フリーに懸ける――雇われない働き方」で組織に雇用されない働き方としてフリーランスを取り上げ、新たな可能性とともに、事業者としての脆弱性や定年世代が陥りやすい盲点などについて指摘する。第4章「『人のため』をやりがいに――稼がない働き方」では、NPO法人職員やボランティアとして薄給、または無給の社会貢献活動を行うケースに着目し、働く動機づけの問題などについても分析する。第5章「『均等法第一世代』女性の光と影」では男女雇用機会均等法施行後、間もない時期に総合職で就職した大卒女性について、働きがいのある定年後労働を阻む均等法第一世代女性の特有の問題を検討する。終章で各章に共通する課題を整理し、働き手、雇用主双方の改善に向けた意識の転換や制度改革を提案する。

いずれの章も、うまくいったケースとそうでないケース両方の事例を紹介し、ポストシニア時代からの準備の有無や具体的な内容、定年後に対する考え方、さらには企業側の問題や対策についても考察している。男性に焦点を合わせ、第1章から第4章まで事例の8割を男性が占める。均等法第一世代の大卒女性が23年度から定年を迎え始めているが、この世代では出産、育児でいったん離職し、再就職した場合でも非正規雇用が多いため、管理職も経験して定年まで勤めるケースがかなり少ないためである。

本書に登場するのは、どこにでもいる市井《しせい》の人々だ。あなたの上司・同僚であり、また夫・妻であり、そして読者の皆様自身であるかもしれない。本書が、周囲の人々が定年後に思い煩《わずら》う人々に温かい眼差《まなざ》しを向けるとともに、当事者の方々自らが「幸せ」と感じることのできるセカンドキャリアの第一歩を踏み出していただく一助になれば幸いである。

＊1　高年齢者等の雇用の安定等に関する法律（高年齢者雇用安定法）では、55歳以上を「高年齢者」としている。本書ではこれに準じ、おおむね50代半ば以上の高年齢者を「シニア」と称することにする。

＊2　ここでいう「高齢者」は、医療制度における65歳以上を指す。日本では行政上の目的によって若干、年齢区分が異なる。

等身大の定年後　目次

# 第5章　「均等法第一世代」女性の光と影

※本文中の仮名での事例紹介部分については、
プライバシー保護のため、一部、表現に配慮しました。

# 第1章

# 再雇用は「価値観の転換点」

## 継続雇用制度に戸惑い

改めて、急速な少子高齢化を背景に、労働力不足と社会保障制度のため、60歳を過ぎても働き続けることが可能な環境整備が進んでいるが、定年後の継続雇用に戸惑うシニア層は少なくない。

現在、高年齢者等の雇用の安定等に関する法律（高年齢者雇用安定法）で義務づけられている継続雇用制度などの高年齢者の雇用を確保する措置[*1]の対象年齢は65歳まで。２０２１年4月からは、70歳までの高年齢者の就業確保措置[*2]が事業主の努力義務となった。

「はじめに」でも触れたが、22年の65歳以上の就業者数は９１２万人と、全就業者の約７人に1人（13・6％）を高齢者が占め、65歳以上の4人に1人（25・2％）が職に就いている。年齢別では65〜69歳は50・8％、70〜74歳は33・5％と上昇し続けている。職を探す65歳以上の高齢者も増え、ハローワークで仕事を探す有効求職者は25万人で、10年間で２・２倍に急増した。

継続雇用制度には再雇用と勤務延長があるが、大半はいったん退職した後、雇用契約を結ぶ再雇用（多くは1年ごとの契約更新制の非正規雇用）を採用している。雇用主側は生産性向上が目下の課題である状況下での定年後のシニア社員の有効活用に頭を抱え、労働者側も継続雇用によって定年前と比べて賃金など処遇が悪化するうえ、長年培ってきた経験やスキルを十分に生かせないと捉え、働くモチベーションが下がるなどの問題に直面しているのが実態である。

上位の管理職を経験するなど組織内で一定の権力を保持した経験のある人ほど、プライドを捨てられずに思い煩うケースが多い。

そもそも、定年後も働き続けるかどうかの選択は人それぞれだ。就業継続を選んだ場合も、その理由は経済的事情をはじめ、生きがいづくり、健康維持のためなど一様ではない。

そうした定年後も働き続けるシニア社員の実情をより正確に把握したうえで、再雇用による労働を少しでも快適にするため、カギを握るのは何なのか。長期の継続取材事例を紹介しながら、社会的、心理的背景や社会構造の変化を踏まえて探ってみたい。

## ［ケース１］　再雇用にプライドの壁

### 定年後「どん底に落ちた」

全国的な猛暑日となった２０２３年の夏、大手メーカーで定年後の再雇用を１年半、２年目の契約途中で辞めた藤井《ふじい》憲一《けんいち》さん（仮名、62歳）は、生気のない表情でうつむいたまま、10分以上黙り込んだ後、突如として顔を上げて一気にまくしたてた。

「早い時期からこうなることを見込んで、経験を積んで能力を磨き、社外人脈も広げ、誰にもまねできない、会社に頼らない働き方を実践して、起業に備えてきたこの自分が……結局は、初心を忘れ、みんなと同じように出世に目がくらんで、管理職という権力を謳歌《おうか》しているうちに、いつしか組織に囚われの身となっていた。そのために、こんな惨めな結果となってしまったんです。部長時代が最も明るい光が当たっていたとすると、役定（役職定年）を迎えた頃から徐々に影が差し始め、定年を境に、目の前の光景が急に真っ黒になって、どん底に落ちたような気がした。まさに明暗を分けたんです」

そう話す藤井さんの頬は紅潮し、目はうっすらと充血していた。話し終えると、テーブルの上に両肘をついて、頭を抱えた。

30代からひとつの会社に頼らず、能力を発揮して働き続けることを志しながら、出世コースの波に乗って部長まで上り詰めた。そして、定年退職後に消去法的に再雇用を選択する。

定年前後を「明暗」と表現した藤井さんはなぜ、どのようにして、定年後の再雇用で「どん底」を経験した末に、悲惨な事件に巻き込まれてしまったのか。これまで24年間に及ぶ継続インタビューをもとに、社会情勢や人々の意識の変化を振り返りながら考えてみたい。

## 「会社が社員を守る時代はもうすぐ終わる」

最初に取材したのは2000年。東京の難関国立大学を卒業後、大手メーカーに就職した当時39歳の藤井さんは、商品開発部門の課長を務めていた。3年前に同期入社の中でもいち早く課長に昇進した彼に、大企業を中心に浸透し始めていた成果主義人事制度の根幹を成す人事考課（査定）について、中間管理職の立場から話を聞くのが狙いだった。

部署ごとに決められた賃金原資を社員に割り当てるため、一次考課者として部下を相対的に評価しなければならない難しさとともに、自らも上司から評価される苦悩を理路整然と語った後、彼がぽつりと口にした言葉に引きつけられた。

「会社が社員を守ってくれる時代は、もうすぐ終わるでしょうね」――。

この語りをきっかけに、当初の目的を超えて、長年にわたる彼への継続インタビューが始まるのだ。

「バブル崩壊後の新卒者の採用減に始まる企業の人件費削減策が、社員のリストラに進行していくまで、そう時間はかからない。組織の駒で終わりたくないのもありますし、さらに社外にネットワークを広げ、40代のうちに起業したいと思っています。もちろん一流企業に就職して、さまざまな経験を積み、会社の名刺・肩書を活用して社外に同業、異業種問わず、幅広い人脈をつくれているのは貴重です。まあ、そのために必死になって勉強し、一流大学に入ったわけですから。本来なら今から副業を始めて会社を興す地ならしをしたいところですが、就業規則で禁止されていますから。こういうところは大企業に限らず、日本の会社は遅れていますよね。できることから着実に準備を進めていきたいと思っています」

実際に日本企業で社員のリストラが本格化するのは、数年先のこと。さらに「副業・兼業の促進に関するガイドライン」を厚生労働省が策定し、副業を解禁する企業が増え始めるのは、この取材の20年近く後の18年のこと。藤井さんがいかに企業や働き方の動向を先取りし、将来の身の処し方を計画していたかがわかる。

## 同期のリストラで出世を目指す

藤井さんが予測した通り、バブル崩壊を機に始まった人件費削減策が、社員のリストラ、すなわち出向・転籍から早期退職募集、退職勧奨まで進行していた２００５年。古巣の営業部の部次長職に就いてから2年余り、44歳になった彼の心境に変化が現れ始める。

出会った頃のインタビューで「組織の駒で終わりたくない」と話していた会社との関わり方が徐々に変わり、社内で生き残り、出世していくことを考えるようになるのだ。きっかけは同期や入社年次の近い社員のリストラだった。

同年の取材でこう、複雑な思いを明かした。

「2、3年前から自分と課長昇進を競い合ったような有能な同期たちが、次々と出世ラインから外され、子会社に出向させられたり、早期退職への応募を勧められたり……中には法律に抵触しないスレスレの退職勧奨を受ける者まで出始めたんです。実は部次長に昇進する直前まで、異業種交流会で出会った仲間数人とネットビジネスを起業する準備を進めていたんですが……。自分がリストラの対象になったら、起業の資金計画も立てられないばかりか、それまでの生活水準を維持することすらできなくなってしまう。これからますます教育費のかかる中学生と高校生の子どもたちのことも考えると……。まずは、会社で生き残る、つまり出世して組織内で力を持つことを目指すしかないと……」

彼には珍しく、視線を合わせようとしない。うつむき加減ながら、その顔がこわばっているのは明らかだった。

「もう、起業は諦めたということですか？」

単刀直入過ぎる質問だったと思った瞬間、彼の眉間にシワが寄る。苦悩がにじみ出ていた。

「今日は、もう、いいでしょうか……」そう言って、取材場所を後にした。

あの時、藤井さんの頭から起業計画がすべて消え去っていたのか、それとも当座しのぎのためにいったん先送りしたのか、彼の口から聞き出すことはできなかった。今思い返すと、どちらか決められないからこその苦悶《くもん》の表情だったのではないだろうか。

## 張りついた笑顔で「管理職が面白い」

藤井さんはその後も管理監督者としての能力を発揮し、順調に出世の階段を上っていく。自身が以前、話したように「組織内で力を持つ」ようになるのだ。2009年、48歳の時に営業部の部長に昇進する。同期や入社年次の近い社員のリストラが相次ぐなかでの〝出世頭〟だった。

部長職に就くまでのプロセスで取材を重ねるなかで、かつて雄弁に語っていた「組織の駒で終わりたくない」「会社に頼らない働き方」を実践するための手立てとして、自ら会社を興したいという志を捨て去っていく様子がありありとわかった。部長昇進から数か月後のインタビューで、こう思いを語った。

「権力欲しさに、起業よりも管理職として社内で生き残ることを取ったと思われるかもしれませんが、まあ、あながち間違ってはいませんよ。あっ、ははは……。出世して部下も増え、経営陣とも直接話ができて、会社の重要な意思決定にも関わることができるのは快感です。それに、権力がないと、自分の思ったように会社を変えることはできないですからね。端的に言うと、面白いんですよ」

藤井さんなりに筋の通った発言だった。だが、どこか腑《ふ》に落ちない。つかみどころのないもどかしさを、彼が見せた張りついた笑顔からも感じ取ったことが、所々に綴じ糸が切れて黄ばんだ当時の取材ノートに記されていた。管理職としてのやりがいをことさら強調することで、出世と引き替えに諦めた起業への思いを断ち切ろうとしていたのかもしれない。

そして、出会った頃に彼が話した、起業のための「地ならし」としての副業についても、まるで人が変わったように批判的な見方をするようになる。

「副業を容認したら、機密情報が社外に流出するリスクがあるし、労働時間が増えて本業に支障をきたす可能性もあります。それに、有能な人材が退職してほかの企業に転職したり、起業されたりしては困りますからね」

最後の語りに耳を疑った。否定しているのは、かつて彼が目指していたことではないか。

## 出世競争に敗れ、再雇用を選択

しかしながら、藤井さんが語った管理職に就いて事業計画や経営企画などの意思決定に関わることの面白さは、2016年、55歳で役職定年を迎えた時点で喪失する。役職延長を経て執行役員ポストに就くことを目指していたが、叶わなかったのだ。

役職定年を迎えて2か月ほど過ぎた頃、インタビューでやるせない思いを明かした。

「花形部署の営業部で部長まで務めたら、誰だってその上を目指します。営業本部長で執行役員を狙っていたんですが、それ以前に役職延長さえしてもらえなかった。社運のかかった重要プロジェクトを成功させた、入社年次が一年下の、他の営業部門の部長に奪われてしまった。負け惜しみではないですが……本当にわずかの差で、ポストを競った相手の運が良かったとしか言いようがありませんね」

この取材時に定年後も視野に入れた、今後の身の処し方を尋ねたのだが、「さあ、どうしましょうかね」と言葉を濁し、それ以上答えてはくれなかった。

この時すでに、かつて思い描いていた起業に向けて動き出していたことを知るのは、3年後のことだ。企業の業績向上のためウェブ上の戦略を練るウェブコンサルティングの会社を立ち上げるべく事業計画を立て、資金繰りに奔走したが難航し、たまたま足を運んだ投資セミナーで投資詐欺に遭ってしまうのだ。弁護士に依頼して被害金額のほとんどは取り戻せたものの、精神的苦痛は大きかった。背景には「出世競争に敗れ、焦りがあった」と、19年のインタビューでつらい胸の内を打ち明けた。狙ったポストを獲得できず、苛立ちや焦燥感がさらなる不運を呼び寄せてしまったのかもしれない。

21年、定年退職を迎えた時には、再雇用を選択せざるを得なくなっていた。再雇用で働き始めて半年が経過した頃、インタビューで思いを語った。

「実際には60歳から働かなくても貯金を取り崩して生活はしていけますが、65歳まで働くのが普通の時代になって、妻や近所の手前もあって、家でゴロゴロしているわけにもいきませんからね」

## 小さな仕事に見つけた「やりがい」

そうして、再雇用を辞してから3か月ほど過ぎた２０２３年夏の冒頭の語りへと続くのだ。定年を機に「どん底に落ちた」と語って頭を抱えたまま数分、沈黙した後、顔を上げると、誰に言うともなくこうささやいた。

「再雇用では権限のない単純作業で、かつての部下に顎《あご》で使われるなど、本当につらい毎日でした……。起業への挑戦よりも、管理職として権力にあぐらをかいていた結果が、このあり様です」——。

年収は役定後も1000万円近くあったが、定年後の再雇用では6割減の約400万円に減った。ただ、再雇用での労働を「つらい」と感じる背景には、悪化した処遇や起業への挑戦を断念した無念さもさることながら、「権力にあぐらをかいていた」日々のプライドが邪魔しているようにも思えた。

再雇用を2年目の契約途中で自ら辞めた現在63歳の藤井さんは、24年春から週3日、マンションの管理人をしながら、ボランティアで地域の子どもたちに囲碁を教えている。

「正直、まだ定年前後の光と影のトラウマが消えない面はありますが、かつて固執していたプライドは少しずつ捨てられるようになったのではないかと思っています。年収にして200万円弱の管理人という小さな仕事ではあっても、住人に喜んでもらえるのはうれしいし、趣味で断続的に続けてきた囲碁を教えて子どもたちの笑顔を見られるのも楽しいもんです。うーん、まあ、うまく言えませんが……社内の地位にこだわって周囲から評価を得ることに躍起になっていた定年前と違い、肩の力を抜いて働けていることはありがたいですかね」

そう言うと、視線を外し、取材場所の喫茶室の窓から外の街路樹を眺めた。二十数年に及ぶ取材で最も和やかな表情だった。

## ［ケース２］　〝負け組〟の底力

### 苦難の末に「快適」な再雇用

稲穂が黄金に色づき始めた２０２３年秋、同年春に60歳の誕生日を迎えて定年退職し、再雇用で嘱託社員としてフルタイムで働き始めて数か月の田川勉《たがわつとむ》さん（仮名）は、晴れやかな面持ちでこう話した。

「とても快適に働かせてもらっています。たぶん、私ほど順調に定年後の仕事に携われているケースは稀《まれ》なのでしょうね。まず、定年前まで長い間、働かせてもらった会社の人たちが、こんな私でもこれまで蓄積してきたノウハウや経験を必要としてくれていること。そして、その期待に応えることで、私自身がやりがいを感じられているのが一番ですね。もちろん、定年退職してからも収入を得られるというのはありがたいですが……それよりも、人の、会社の役に立てているということが、何ものにも代えがたい充実感をもたらしてくれるというか……。自分は本当にラッキーで、感謝の気持ちでいっぱいです」

だが、田川さんの会社員人生の半分は、幸福感よりも苦悩が大幅に上回っていたであろうことを、筆者は長年の取材を通して目《ま》の当たりにしてきた。

自身を〝万年課長〟の「負け組」と称し、働くモチベーションを失いかけた時期もあった。上司との人間関係がギクシャクして手柄を横取りされたかたちとなり、やるせない思いを明かしたこともあった。

そうした「負け組」の苦難を乗り越えた先に、定年後の再雇用を「快適」と捉えられる第二のキャリア人生を迎えることができたのである。

## 「臭い物に蓋をしない」メンタルヘルス担当者

田川さんと出会ったのは、2006年。管理職ポストの削減や社員のリストラの進行と同時に、職務の個人化や職場のコミュニケーションの希薄化が進み、メンタルヘルス不調を訴えて欠勤、休職する社員が増加し始めていた時期だった。ただ、当時、新聞やテレビなどマスメディアが報道することはなく、水面下で深刻化する問題の取材に協力してくれる企業の人事、労務担当者はなかなか現れなかった。

そんな状況下で、「臭い物に蓋《ふた》をせず、これからの会社と社員のためになるなら」と、快くインタビューに応じてくれたのが、大手ＩＴ企業で人事部の課長として、社員のメンタルヘルス対策を担当していた当時43歳の田川さんだったのだ。

初対面の挨拶もそこそこに、田川さんは適応障害やうつ病など心の病の診断書を提出して会社を休む社員が増加している背景と要因について、こう熱弁を振るった。

「諸悪の根源は、成果主義です！　かつてはともに助け合ってチームとして実績を上げて前進していくことが目的だった仕事が、成果主義人事制度が導入されてから、隣の席の同僚、年次の近い先輩、後輩が人事考課を競い合うライバルになってしまったんですから……。査定は昇格、昇進とともに、賃金に直接影響しますからね。管理職の上司だって、一次考課者の課長から二次考課者の部長まで、自分を審査する人間なわけですから。自分の仕事だけに打ち込むことになって、悩みを誰にも相談できないまま……心を病《や》んでしまうのも当然ですよ。そのことで労働生産性が低下して、結果、会社は損失を被る、という悪循環に陥りつつあるのが現状だと思います」

成果主義人事制度は、日本では１９９０年代後半から大企業を中心に導入され始め、今では広く浸透している。実績や能力に応じた給与など処遇を決めることにより、社員の働くモチベーションを高め、生産性向上にも効果があるとされているが、人件費削減策としての色合いも濃い。

田川さんは筆者が仮説として考えていた段階だった、成果主義による職務の個人化や職場の人間関係、コミュニケーションの希薄化が、メンタルヘルス不調を訴える社員の増加に大きな影響を与えているという因果関係を、現場の声としてズバリ、証明してみせたのだ。

## 〝万年課長〟でも「会社と社員のために」

しかし最初のインタビューの２００６年時点では、田川さんが勤務する会社では就業規則で休職制度は設けられていたものの、精神疾患による休職は前例がなかった。今から20年近く前の時点では珍しいことではなかった。通院加療、自宅療養のため１週間程度、欠勤する診断書の提出を繰り返して、トータルで１か月以上など長期にわたって仕事を休むケースが徐々に増えていく。メンタルヘルス不調者に対する休職制度の充実が喫緊の課題だった。

そこで、田川さんは上司に心の病にかかった社員が診断書を提出して休職しやすくするために上司に進言するなど尽力し、２年後の08年、晴れて就業規則の「傷病休職」項目に、

「精神疾患」が追記されることになった。当初彼が取材を受けてくれた理由でもあった「これからの会社と社員のため」にとっては紛れもなく画期的な進展である。

そしてこの後も新たなメンタルヘルス対策を打ち出し、実現させていくのだが、このあたりから、彼の積極的で、時にはアグレッシブな対策推進への進言によって、上司との折り合いが悪くなり始めたのではないかと推察される。

08年以降、田川さんは少しずつ、会社への不満を口にするようになる。09年、課長職のまま46歳の誕生日を迎えた直後のことだ。

「社員のメンタルヘルス不調は、会社の問題であって、個人の問題ではない。この点を上司の部長に訴えると、眉をひそめて露骨に嫌な顔をされました。その時点で意見を引っ込めるという手もありましたが、あくまでも自分の考えを推し進めた。その結果、就業規則に心の病での休職が明記されたんですが……それはつまり、自分の出世を見送ることにつながっているのかもしれませんね。これが、負け組の〝万年課長〟の始まりなんですかね……」

この時点で、彼は出世を完全に諦めていたかというと、そうではない。「誰か、わかってくれる上司が現れればいいんですけれど……」と最後につぶやくように漏らした言葉からも、そのことがうかがえた。

## 50歳目前で見せた「最後のあがき」

残念ながら、社員のメンタルヘルス不調を人事管理上の問題として、矢面に立って経営陣に改善策を要求する田川さんの姿勢を理解してくれる上司は現れなかった。実際には、田川さんが上層部に進言していた、管理職を対象にしたメンタルヘルス研修や、常勤の内科医に加えて精神科の産業医を非常勤で雇用することなどが数年後に実現し、大企業の中でも先進事例として業界紙で取り上げられるなどする。しかしながら、この間も上司との関係が思わしくなかったため、皮肉にも、彼の実績とはならなかったのだ。

いつしか、自らは課長のまま、所属する人事部の部次長も、部長も、自分よりも入社年次が下、つまり年下の上司となっていた。

2013年、50歳の誕生日まで1か月を切った田川さんは、それまで見せたことのない、苦虫を噛《か》み潰《つぶ》したような顔でこう、心境を打ち明けた。

「自分の手柄にはならなかったものの、結局は私が考えていた社員のメンタルヘルス対策が実現したわけですから……本当は気に病むことは何もないはずなんですが……。〝万年課長〟になることだって40代半ばの時点で予測していましたしね。うーん、何と言うんでしょうか……そ、そう、往生際が悪いというのかな……。50歳を目前にして、最後のあがき、とでも受け取ってください……」

幾度も沈黙を挟みながら、歯切れの悪い話し口調だった。

田川さんが言った通り、13年のインタビューを「最後」に、彼が仕事の不満を口にすることはなくなった。

なぜなのか。今でも明確な答えを教えてくれてはいない。だが、彼の取材での受け答えや、仕事と私生活に対する考え方の変化をたどるなかで、前向きに定年後の再雇用の日々を送るヒントが見つかるかもしれない。

## 再雇用で「働く意味を問い直す」

大きく分けて３つの変化があったように思う。１つ目は、働くことの意義、価値観である。厳密に言うと、定年退職後に再雇用をスタートさせるまでの50歳頃からの10年間について、定年後に働くための助走期間と捉え、労働に対する意味や考え方を変容させていったことだ。

まず、昇進することなく、課長職のまま55歳で役職定年を迎えるまでの間、部下の指導のみならず、上司にも、社員のメンタルヘルス対策はもとより、社員の採用から人材育成・能力開発、人事評価まで人事全般についてアイデアを次々と打ち出していった。そのプロセスで、部員たちからも信頼を集めていったのだ。

「50歳になってしばらくしてから、課長止まりであることにも吹っ切れ、年下の上司ともうまく人間関係を築くコツをつかめるようになっていったんです。上司も、私が人事部の古巣で、特にメンタルヘルス対策では私よりも熟知している部員がいないことはわかっていますからね。そうこうしているうちに……職場での地位に関係なく、仕事のやりがいを感じることが増えていって、上司や会社上層部への不満も払拭されていったように思います」

役職定年を迎えてから2か月後のインタビューで、そう仕事や職場に対する心持ちの変化を話した。

次に定年退職を迎えるまでの5年間は、さらに幅広い年代層の部員たちに人事のノウハウを伝授していった。特に若手の育成に貢献し、再雇用でも引き続き、同様の任務を担うことになったのだ。

「定年後の再雇用は、価値観の転換点。働く意味を問い直す必要があります。社内の上下関係や役職に囚われず、一人の働き手として、これまで長年、培ってきた経験やスキルを生かし、会社のために働くことに意義がある。そこにはもはや、偉くなって周囲から評価されたい、といった野心はありません。私の場合は、〝万年課長〟のつらさを経験したからこそ……まあ、『負け組』の底力とでもいうんでしょうか、そうした現役時代とは１８０度異なる価値観へと、難なく転換することができたのではないかと思っています」

## 私生活の充実と「先は気楽に」

そうして、私生活の充実も、田川さんにとって定年後を心地よく過ごすにあたって欠かせない重要なことだった。２つ目と３つ目の変化は、趣味の充実と、夫婦関係の改善である。

仕事の忙しさから30年以上も途絶えていた趣味の登山を50歳で再開し、妻とともに月に１度は山に登るようになったことで、ストレスの多かった状態から、健全な心身を取り戻していったという。

「自然を五感で楽しむことで、40代で悩んでいた、出世できなかったことや年下上司とのギクシャクした人間関係がなんてちっぽけなことだったのか、と思えた。大袈裟かもしれませんが、いろいろと経験を積んだ末の登山で、世界は広いんだということを、若い時とはまた違って感じることができたんです。本当にうれしかった。大学の登山部の後輩で専業主婦の妻とは年を重ねるにつれて会話が少なくなっていましたが、一緒に山に登ることで共通の話題も増え、良好な夫婦関係を築けるようになりました。定年後の仕事は、やっぱり私生活の充実とセットでこそ、うまくいくと思いますね」

24年春、田川さんは1年ごとの再雇用の契約を更新した。65歳までは働き続けたいと考えている。ただ、現時点では今の会社には、66歳以降の継続雇用制度はない。どう考えているのだろうか。

「何も考えていません。あっ、ははは……。この春に61歳になったばかりで、まだ4年先のことですから……。まあ、そう気楽に考えることができているから、今も仕事を続けられているのかもしれませんね。少しでも必要としてくれる会社、職場があれば、働きたいとは思っていますが……」

どこかで見た表情、だと思った。顔にシワが増え、頭髪が黒から白髪交じりのグレーに変わりはしたものの、18年前、初めて取材した時、メンタルヘルス対策の重要性について熱く語った顔つきに似ていた。

## ［ケース3］　リカレント教育で65歳後の準備

### 「学び直し」をセカンドキャリアの起爆剤に

社会人の学び直しを指す「リカレント教育」という言葉・概念が一躍、社会に浸透するきっかけとなったのは、安倍内閣（当時）が２０１７年、人生１００年時代を見据えた看板政策として掲げた「人づくり革命」に、ひとつの柱として盛り込まれてからだろう。

その時点から遡《さかのぼ》ること7年、働きながら学び、スキルアップを図る管理職として、10年に初めてインタビューしたのが、人材総合サービス業で企画部の部次長職に就いていた、当時48歳の遠山卓司《とおやまたくじ》さん（仮名）だった。流通業で総務、人事などバックオフィス部門を10年間経験した後、現在の会社に転職して15年。産業構造の変化や成果主義人事制度の浸透などによって、少しずつではあるものの雇用の流動化が進むなかで注目を集める人材サービス業界において実績を上げてきただけあって、ソフトな語り口ながら自信に満ち溢れていたのを鮮明に覚えている。

「この業界ではキャリア・カウンセラーを務めてから、企画、営業など幅広い部署を経験してノウハウを熟知しているし、カウンセラーの現場仕事を離れて管理職に就いてからも、日々怠ることなく、スキルを磨いてきました。あと2、3年のうち……40代が間に合わなくても、50歳頃までに、個人のニーズにきめ細かに応える総合的なキャリア支援の会社を起業するか、会社を興す前段階として個人事業主としてフリーランスで活動を始めるか、行動に移したいと考えているんです。そのために、これまでは仕事を遂行するなかでの知見の蓄積のほかは、本を読んだりする自主学習だけだったのを、実際に外に出て学び、資格を取ろうと思い立ったんです」

「資格というと……」

「近い将来、国家資格に昇格するといわれているキャリア・カウンセラーの資格です。ただ資格を起業に有利に作用させようとしているわけじゃありませんよ。頭と体に沁《し》み込ませて、セカンドキャリアをよりスムーズにスタートさせるための起爆剤にしたいと考えています。何だ、これまでやってきたことと同じ、と思われるかもしれませんが、それが全然違うんですよ。仕事終わりと日曜日を合わせて週3日、みっちりカウンセリングの理論や職業心理学などの講義を受け、実技の訓練もして……いろんな業種、企業の人事担当者が多く、人脈づくりにもなるし、貴重な機会と捉えて頑張っているんですよ！」

そう言うと、少年のようにおどけた表情を見せる。いかにセカンドキャリアのための学び直しに熱中しているかが見て取れた。

遠山さんと出会う2年前、実は筆者も、大学院博士課程に入学し、新聞記者になる前に一時期取り組んでいた研究を再開していた。だが、遠山さんほど明確な青写真を描けていたわけではなく、彼のセカンドキャリアのビジョンを感心して聞いていたのを昨日のことのように思い出す。

## 資格取得も、起業・フリーは見送り

半年間の受講を修了した遠山さんは翌２０１１年、49歳の時に民間団体が認定するキャリア・カウンセラーの試験に合格し、資格を取得した。ただ、「50歳頃まで」を目標としていた起業、またはフリーランスとしての独立は実現しなかった。定期的に面会や電話で尋ねても、「仕事が立て込んでいて……」などとはぐらかされる答えが続き、ようやく心中を明かしてくれたのは、民間資格取得から3年後の14年、52歳の時だった。

「学びだけに集中している時間はそれなりに充実していたんですが、実際には平日の仕事終わりに受講に通うのはとても難しかったんです。まるで悪いことでもしているかのように、講義開始時刻に合わせていったん会社を出て、受講後に再び深夜に社に戻って残った仕事をこなしていた。講義のない日も溜まった仕事の処理に追われて……。結局、毎日帰宅は午前様でした。つまり、スキルアップのための学び直しに職場の理解がなかったということです。ただ、私だけではなくて、同じ受講していた人たちもそういうケースが多かったんですよね……」

起業かフリーランスでの活動が開始できていないことを尋ねる目的で遠山さんも承知のうえでの面会取材だったが、彼が最初に口にしたのはその理由ではなく、資格取得のために講座を受講することがいかに大変だったかということ。初めて知らされたことだった。

「直接の答えになっていないですね……。まあ、そのー……表向き、社員の学び直し、スキルアップに理解を示している風に見せておいて実際は真逆で……辞めるための準備をしているとでも思われて、上司や同僚たちからの風当たりが強くなって……。私は自分の考えを押し通す性格で日頃から反発を買うことも多く、もともと部長昇進は見込めなかった。だから、今の会社は早々と切り上げて、次のステップに進みたかったんですが……。たかが部次長ですが、会社内でのポジションや収入を維持しないと、高校生の娘と大学生の息子たち３人の子を学校に行かせることもできなくなってしまいますから……。あのー、それで……とりあえず、現状維持、になってしまったんです……」

伏し目がちで、しどろもどろな語り口調はしかし、後にも先にもこの時だけだったと記憶している。

## 役職定年後に始めたボランティア

役職定年を迎える前年の２０１６年、彼自身、最初の取材時に予測していたように、職業選択や職業生活設計、能力開発に関する相談、助言などを行う「キャリアコンサルタント」（名称独占資格で、５年ごとの更新による登録制）が国家資格として、職業能力開発促進法に規定された。

遠山さんは同年、国家試験に一発で合格し、キャリアコンサルタント名簿に登録した。民間資格を取得してからも定期的に講習を受講し、知識とスキルの維持に努めてきたことが試験合格に奏功したことは言うまでもない。

17年、55歳で部次長を役職定年になったのを機に、ボランティアとして週末、学卒期の就職活動がうまくいかずに求職の意欲が低下した若年無業者の就労を支援するNPO法人の活動に参加するのだ。活動を開始してから数か月後のインタビューで、明るい表情に戻って自信を取り戻した様子がうかがえた。柔和な面持ちで、肩の力が抜けていたように見えたのが印象的だった。

役職定年をきっかけに、キャリアコンサルタントの資格を生かすべく、ボランティアで活動を始めた理由について、こう説明した。

「民間資格を取得した時点で、ボランティアとして週末なら活動することも可能だったんですが……部次長止まりとはいえ、一応管理職ですから、休日に仕事が入ることもあって、心身ともに少しでも休息を取るために週末は空けておきたかった。それに、起業やフリーでの独立はまだ準備不足でしたし、とりあえずボランティアでの活動で経験を積むことを目指して、役定までの5、6年間はどのような活動の仕方で、どんな団体でスキルを生かせるのか、情報収集や人と会うなどして準備していた感じでした。それに……あのー、いや……」

## 息子の就職困難がきっかけ

それまで比較的流暢に話していただけに、最後の不自然な言いよどみと沈黙が目立った。穏やかな表情は変わらない。返答に窮するというよりは、話すと決めて取材に臨んだものの、いざそのタイミングを迎えてみると、うまく言葉にできないという様子だった。

「ボランティアとして若年無業者を支援するＮＰＯで活動をスタートさせた理由は、ほかにもあるのですか？」

「まあ、その……」

もしかすると、家庭にも理由があるかもしれないと、ふと考えた。ここ数年、以前はよく話してくれていた子どもの話がすっかり鳴りを潜めていたからだ。

「鋭いですね。そう、その通りです。実は、次男が大学４年時の就職活動に失敗したショックから家に引きこもり、仕事探しさえしなくなってしまいまして……。大学を卒業してから１年間、自分に合った業界や職業を探したり、面接試験の訓練をしたりする、ＮＰＯが開設している講座を受けて……それで、何とか就職できたんです。今受講生のキャリア相談に乗ったりして、キャリアコンサルタントの資格を生かしてボランティアで活動しているのは、息子がお世話になったＮＰＯなんです。スタッフや講師の先生の熱心さに、心打たれたのもあって……」

言いたかったことを吐き出せたせいなのか。遠山さんは口をつけていなかったコップの水を一気に飲み干した。

次男が就活を再開するためにＮＰＯの講座に通い始めた時期は、ちょうど、遠山さんが起業などに踏み出せていないことや、職場の理解不足で社員が学び直しをすることの困難を語ってくれた14年の取材時期と重なる。当時の取材では出口の見えない次男の先行き不安から、打ち明けることができなかったのはもっともだ。

## ボランティアで学んだ「働く意味」

そうして、定年退職を2年後に控えた２０２０年から、遠山さんは週末だけでなく、平日も、終業後にＮＰＯでの若年無業者支援の活動を行うようになる。

いよいよ、定年退職を機に、起業かフリーランスでの仕事を始めるため、なおいっそう、キャリア相談のスキルを磨き、人脈も広げ、本格的な準備に動き出したのかと思われた。しかし、本格化したのは、仕事ではなく、ボランティアのほうだった。

新型コロナウイルス感染症が流行し始めた20年、遠山さんは思いを話してくれた。

「ＮＰＯでの取り組みにどんどん興味が湧いてきましてね。民間企業のキャリア支援サービスよりも、社会貢献活動としての意義がありますし、人の役に立てているという実感があるんです。ここでの活動は会社員生活の長い自分にとっては、目から鱗《うろこ》。本来あるべき働く意味を教えてくれるんですよね。だからまだ、いろいろと……キャリア相談を受ける人がどんな問題で悩んでいるのか、カウンセリングを実践するプロセスで理解して、活動する仲間との交流を通して学んで……肌で覚えていくというんでしょうか。定年前の人間が変かもしれませんが、これからも成長したいし、成長できるような気がしているんです」

コロナ禍でマスク越しではあったが、遠山さんの表情が晴れ晴れとしているのが、瞳やこめかみ、頬の動きでわかった。同時期に取材している定年前後の男性たちの多くが、憂うつな表情を見せることが多かったのとは対照的だった。

## 再雇用を機に大学院入学

２０２２年夏、遠山さんは定年を迎えた。この間も定年後の働き方について尋ねてきたものの、明確な答えは出し切れていないようだった。相変わらず、起業かフリーランスとして独立するという話は出なかった。

遠山さんが定年の３か月前に出した答えが、再雇用だった。最も長く所属し、部次長まで務めた企画部で嘱託社員としてフルタイムで働いているという。

再雇用で働き始めてから数か月過ぎた頃、再雇用を選んだわけを聞いた。

「実は、人材総合サービスの同業他社から来てくれないか、いわゆるヘッドハンティングというものですかね、お誘いを受けまして……。待遇は今の会社での再雇用よりもかなり良くて、定年前の給与に近いもので、家計的には助かるのですが……お断りしました。うーん、今でもうまく断ったわけを説明できないんですが、今の会社での自分、部次長になっても思い描いたように社内で活躍し、社業に貢献することができなかった自分に戻ってしまうような気がしたんです。やっぱり、新たな第一歩を踏み出して、挑戦してみたいですから……。それよりも、もっと迷ったのは起業かフリーかで……。結局、起業はリスクが高くて、自分には合わないと考えて計画から外しまして……」

消去した選択肢は語ってくれたものの、この時点では肝心の再雇用を選んだ理由は明かしてくれない。ただ、悲観的でないことは彼の穏やかな表情からも推測できた。

「それで……再雇用を選んだ理由ですよね。なんとなく、です」

「えっ、どういうことですか？」これまで綿密に計画を立てて、資格取得や実践を積んできた彼に、「なんとなく」という答えは不釣り合いに思えた。

「う、ふっ。違和感を抱かれましたかね。でもこれが正直な気持ちなんです。今はＮＰＯでの活動を続けながら、定年の２か月前、この４月から社会人大学院に通って職業心理学やカウンセリング理論などを学んでいます。貪欲にもっと知識を蓄え、実践に役立てたいと思いましてね。だから、再雇用は66歳以降の自分と仕事をしっかりと考えるための『前向きなモラトリアム[*3]』なんです」

今年62歳の誕生日を迎える遠山さんは24年春、大学院で修士号を取得。再雇用で働きながら、半年前からグループ企業で単発のキャリア研修の講師を２か月に１回程度、副業扱いで担当するようになった。今の気持ちを語ってくれた。

「再雇用が終わる65歳まであと３年、着々と準備を進めていますよ。再雇用が終わったら、フリーランスで企業と業務委託契約を結び、社員研修やキャリアコンサルタントの仕事を担いたい。NPOの活動もボランティアとして続けながら。キャリアコンサルタント試験の受講資格を得るための講座講師も務めてみたいですね。50歳頃までに独立を、という目標は達成できなかったけれど、自分にとっては最適の選択だったと思います。それに……少なくとも仕事で関わる企業には、リカレント教育を社員が受けやすい職場環境づくりを訴えていきたいと考えているんです。国が政策として打ち上げてから時間が経っても、いまだ職場では上司や同僚に負い目を感じながら、専門学校や大学院に通っている社会人が大半だと思いますから。本当の意味で、学び直しが進むことを心から願っています」

「前向きなモラトリアム」を有意義に過ごす遠山さんの姿は、まぶしくも見えた。

## 再雇用を「前向きなモラトリアム」に

### 定年後雇用で最多の「再雇用」

事業主に義務づけられている65歳までの高年齢者雇用確保措置の中で最も多いのが継続雇用制度で、その大半を再雇用が占める。厚生労働省の２０２３年「高年齢者雇用状況等報告」によると、企業が実施している雇用確保措置のうち継続雇用制度が69・２％に上った。定年の引き上げは26・９％、定年制の廃止は３・９％だった。

再雇用は、働き慣れた定年前と同じ会社に勤務できる一方で、雇用確保措置が義務化されている65歳を超えて就業できる企業はまだ少なく、66歳以降も働き続けたければ転職するか、フリーランスとして仕事を請け負うかなど、いずれにしても自分で仕事を探さなければならない。

すでに21年４月から70歳までの高年齢者の就業確保措置が事業主の努力義務となっているが、70歳までの就業確保措置を実施済み企業は29・７％にとどまっている。ちなみに、65歳までの「雇用確保」（義務づけ）とは異なり、70歳までは「就業確保」（努力義務）と表現され、事業主が直接雇用しない形態も含まれている。日本企業で70歳までの雇用が浸透するにはまだ時間がかかるだろう。

## 非正規雇用多く、処遇悪化

労働政策研究・研修機構の60〜69歳を対象にした「60代の雇用・生活調査」（男女5000人対象）によると、2019年の調査時点で仕事をしていた人は59・0％。性別では男性が69・1％と、女性（49・3％）より約20ポイント高くなっている。男女合わせた年齢区分では、60〜64歳が70・2％、65〜69歳が50・1％をそれぞれ占めた。

調査時点で働いていた60〜64歳男性のうち、「会社、団体などに雇われて」が最も多く、70・7％を占めた。次いで、「会社、団体などの役員」（12・8％）、「商店、工場、農家などの自家営業や自由業」（11・1％）の順だった。

定年退職後も会社などに雇用されて、働く男性が多いことがわかる。雇用されて働く60〜64歳男性の雇用形態は、非正規雇用労働者が58・1％で、正社員（37・1％）の1・6倍に

**図１　60〜64歳男性の雇用形態**

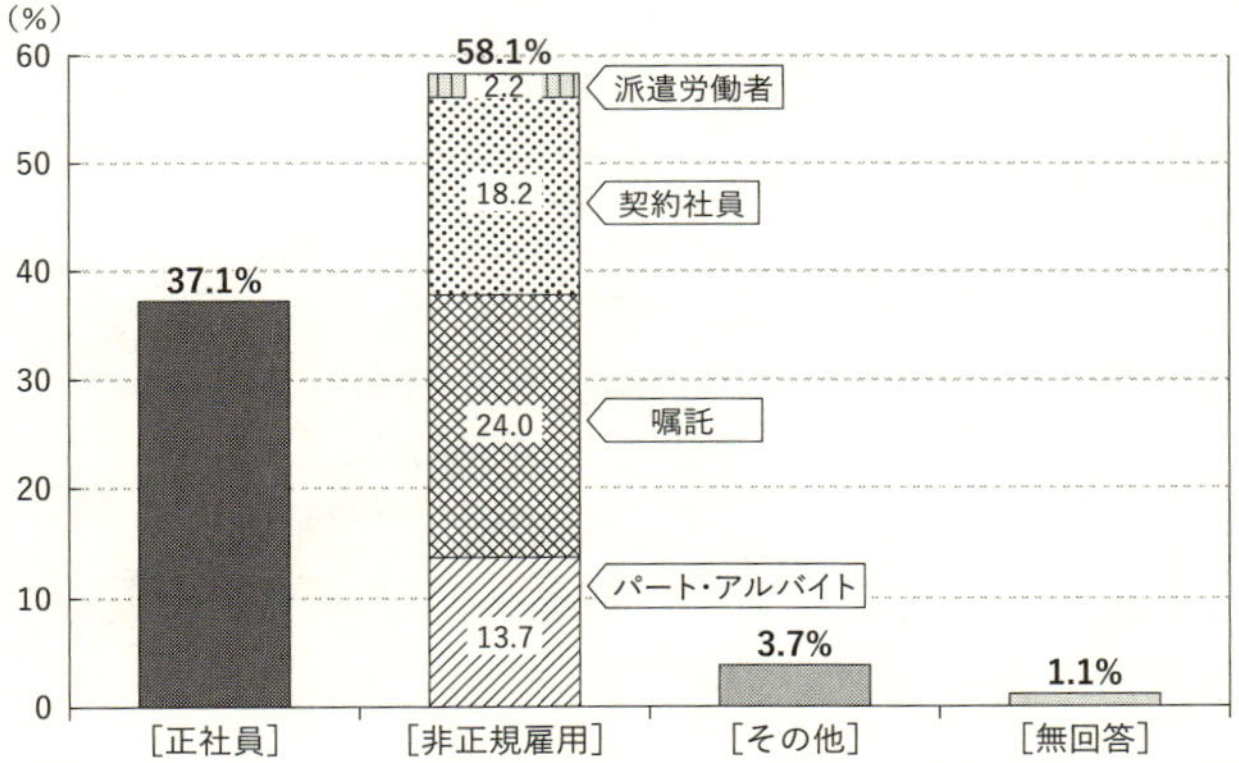


出所）「60代の雇用・生活調査」（労働政策研究・研修機構 2019）より

上った（60〜64歳女性の雇用形態は正社員12・6％に対して、非正規雇用83・8％。非正規のうちパート・アルバイトが61・5％で最多）。非正規雇用で働く60〜64歳男性の雇用形態の内訳は、嘱託の24・0％が最多で、次いで契約社員18・2％、パート・アルバイト13・7％、派遣労働者2・2％の順だった（図1）。

再雇用の多くは1年ごとに契約を更新する嘱託、契約社員などの非正規雇用だが、定年前とほとんど変わらない仕事を担当しているケースも増えており、それにもかかわらず給与が大きく減少することへの不満を募らせるシニア社員も少なくない。

パーソル総合研究所が21年に公表した「シニア従業員とその同僚の就労意識に関する定

**図2　定年後再雇用者の年収変化**

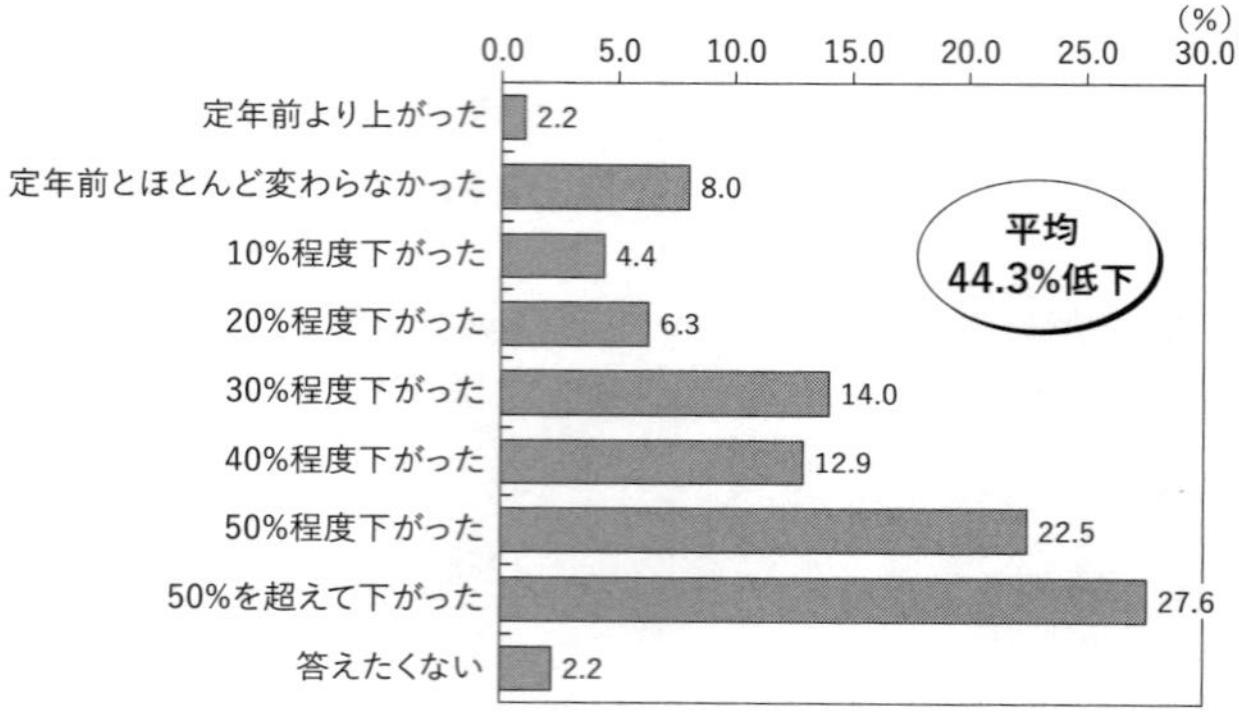


出所）「シニア従業員とその同僚の就労意識に関する定量調査」（パーソル総合研究所 2021）より

量調査」（本質問項目の対象者は定年後再雇用〈フルタイム、パートタイム等〉で働くシニア従業員591人）[*4]では、定年後に再雇用で働く人の年収は平均して44・3％低下していた（図2）。定年前後での職務の変化については、半数が「定年前とほぼ同様の職務」（55・0％）で、「定年前と同様の職務だが業務範囲・責任が縮小」（27・9％）と合わせて8割強に上った。また、労働政策研究・研修機構の「高年齢者の雇用に関する調査（企業調査）」（20年公表）によると、フルタイムで勤務する60〜64歳の継続雇用者全体の平均年収は、374・7万円。「300万円以上400万円未満」が32・3％を占め、最も多かった。

多くの企業でシニア雇用が広がる一方で、再雇用者の基本給は定年直前よりも下がるのが一般的だが、雇用主側には現役の正社員との「同一労働同一賃金」の原則（パートタイム・有期雇用労働法）に抵触しないよう慎重な対応も求められており、「不合理な待遇格差」を巡り、裁判も続いている。定年後再雇用をめぐり、仕事内容が同じで基本給を大幅に減額されたことの妥当性が争われた訴訟（名古屋自動車学校訴訟）で23年7月、最高裁は基本給の性質や目的を踏まえて引き下げの合理性を評価すべきだとする判断を示し、定年時の6割を下回る基本給は不合理と判断した二審判決を破棄し、審理を名古屋高裁に差し戻した。ただ「同一労働同一賃金」の原則への抵触に慎重になり過ぎる余り、敢えて仕事の質や責任の程度を下げる企業もあるが、本末転倒な面は否めない。

今、雇用市場へのシニア層の流入が増え、やりがいや働きに見合った処遇を求める声が上がっているにもかかわらず、人事評価や賃金などの人事制度が旧態依然としたままであるため、現場では齟齬《そご》もきたしている。年齢と経験を重ねたシニアの処遇を誤れば、職場のパフォーマンスを著しく低下させ、日本企業の懸案である生産性を阻害する可能性もある。

## プライドを捨てられるかどうか

定年後の再雇用による変化は、処遇の悪化だけではない。同じ会社で働き続けるということは、かつての部下が上司になることでもあり、同期入社の社員が役員などとして会社に残っている場合は社内での地位に大きな差が生じることにもなる。

そうした激変する職場環境を受け入れられるかどうか。それはすなわち、プライドを捨てられるかどうかにもかかっている。部長など上位の管理職に就いていた人ほど、定年後の再雇用で壁にぶち当たるケースが少なくなく、処遇の悪化などに対して不満を募らせ、働くモチベーションが低下する傾向が強いことが、筆者の継続インタビューからも明らかになっている。具体的には、「管理職になれるまで育ててやった元部下に、顎で使われるのが我慢ならない」「定年まで必死に積み上げてきた実績を否定されたようで仕事への熱意が湧かない」といった声がよく聞かれた。

再雇用での処遇の悪化に不満を募らせる根底には、男は「出世して高収入を得て、社会的評価を得なければならない」といった旧来の「男らしさ」のジェンダー規範に縛られている場合が少なくなく、「男らしさ」を具現化できないがゆえに、働く意欲と職務遂行能力の低下につながってしまうのである。

まさに最初に紹介した事例がこれにあたる。藤井さんはもともと「会社に頼らない働き方」を目指し、出会った39歳の時点で、「40代のうちに起業したい」と意気込んでいたが、同期や入社年次の近い社員が続けざまにリストラされていくなか、いつしか「組織内で力を持つ」管理職に就く道を選び、出世の階段を上っていった。そうした経緯もあってか、なおさら、社内で「花形」と自ら語った営業部の部長の要職を担った自身のプライドを捨てることができず、定年後の再雇用での労働に対して、「権限のない単純作業で、本当につらい毎日」と否定的にしか向き合うことができなくなっていた。

これに対し、同様に定年まで大手企業に勤務した２つ目の田川さんのケースでは、40代までは藤井さん同様、管理職として昇進することにこだわりがありはしたものの、社内でのポジションとは関係なく、人事部の課長として、上司との軋轢《あつれき》などに苦しみながらも、社員のメンタルヘルス対策の充実という目標を着実に達成していった。そうした実のある仕事をこなしてきた自信もあってか、かつては自己卑下の言葉として使用した「負け組」も「万年課長」も、定年後を肯定的に、前向きに捉える「負け組の底力」、「万年課長を経験したからこそ（価値観を転換できた）」という表現に変化していった。何よりも大きな変化は、仕事に対する考え方だ。定年後の再雇用は「働く意味を問い直す価値観の転換点」という印象深い言葉を残してくれた。

## 「男らしさ」から抜け出す好機

一方、処遇の悪化はやむを得ないとある程度は許容できても、「仕事にやりがいがない」「自らの働きが会社に認められていない」などと感じ、働く意欲が下がる場合も少なくない。

その要因として挙げられるのが、定年後のシニア社員に対する人事制度である。定年に達すると、機械的に以前適用されていた職務や役割、能力によってランク分けする等級制度からは対象外となり、人事評価も行われないケースが多い。

多くが定年直前とほぼ同じ職務に就いているにもかかわらず、期待される役割や責任が明確に示されず、報酬も激減する。どのように貢献すればよいのかわからないまま、期待役割を担い、会社の役に立っているという実感を抱きにくくさせていると考えられる。

こうした課題の解決には、ひとつは中高年男性の固定的なジェンダー意識の改革が有効である。出世や報酬、評価などへの執着は、「男らしさ」規範に縛られている面が強く、このため、定年後を「男らしさ」規範の呪縛から抜け出す好機と捉えてみてはどうだろうか。

これと同時に、自身が仕事、働くことに抱く意味、価値観を、現役時代の社内ポジションや報酬といった外部からの働きかけによる外発的に動機づけられた労働から、定年後再雇用ではやりがいや達成感など内部から沸き起こる内発的に動機づけられた労働へと転換できれば、自己効力感[*5]を高めることにもなるだろう。

## 現役並み制度でやる気を引き出す

次に雇用主側の対策として重要なのが、シニア社員のやる気を引き出す人事制度改革である。定年後再雇用で働くシニア社員を対象とした等級制度を設け、等級に応じた人事評価を行い、処遇を決定するもので、査定によって給与のアップもダウンもある現役並みの仕組みである。無論、現役社員との賃金の均衡を図るため、基本給を定年直前の水準よりも一定割合減額するのはやむを得ないが、そこにプラスする部分を成果主義賃金体系とするのだ。

等級ごとの職務や役割、能力と人事評価の評価基準は、先進企業では定年前と同一とするところも出てきている。だが、現時点ではシニア社員固有のものを確立することが肝要である。例えば、専門知識・技術や取引先・人脈の伝承を加え、後進の指導・育成や業務の効率化とともに比重を大きくするなどの工夫も求められる。実際にこうした制度を導入し、シニアのモチベーション向上につなげている企業もある。

ただし、こうした現役並みの人事制度を適用するのは、現役時代と同様にフルタイムで働き、職務配置・内容の変更もいとわず、能力を発揮したいと希望するシニア人材に限られる。つまり、定年後再雇用で働く人たちを一様に捉えるのではなく、それぞれの希望に応じて複数のコース[*6]を設ける必要がある。例えば、処遇よりも、職務の負荷軽減によるストレスからの解放や家族介護などへの時間確保を望み、責任の軽さやパートタイムなどの短時間労働を選ぶケースもあるからだ。

## リスキリングはシニア活躍のカギ

そうして、定年後に再雇用で働く期間の捉え方として注目されるのが、3つ目の遠山さんの事例で紹介した、「前向きなモラトリアム」として、能力開発、職業訓練にあてるということだ。昨今、リカレント教育やリスキリングという言葉・概念で表現される機会が増えたが、これらはシニア社員が期待されるパフォーマンスを発揮し、活躍するためのカギとも言える。再雇用の期間を、セカンドキャリアへの助走期間と言い換えることもできる。

社会人の学び直しとして、リカレント教育が広がった契機は、遠山さんの事例冒頭でも触れた２０１７年の「人づくり革命」の柱のひとつに盛り込まれたことだった。近年では類似した概念ながら、技術革新やビジネスモデルの変化に対応するために新たな技術や知識を習得する、より仕事に直結したイメージの強い「リスキリング」という言葉・概念も浸透し始めている。特にシニア人材にとっては、今後、従来とは異なる業種や職務にも通用するスキルを磨くことが不可欠となるだろう。

遠山さんも、もとから再雇用をモラトリアムとして捉えていたわけではなく、ポストシニアの段階で当初の志であった起業やフリーランスでの独立の難しさを実感し、目の前の現実と向き合うなかで少しずつ考えを整理し、深化させていった。定年までの10年計画で、リスキリングのための講座受講への職場の理解不足に屈することなく、キャリアコンサルタントの国家資格取得、ＮＰＯでの若年無業者支援という実践を着実に積み上げてきた。その先に、キャリア人生の重要な節目で、敢えて「なんとなく」選んだのが再雇用だった。

勤務する会社では最長で5年間という再雇用期間に、新たに再雇用先のグループ企業で副業としてキャリア研修の講師を務めるなど活動の幅を広げるとともに、大学院で職業心理学などの知識を習得して24年春に修士号を取得。66歳からの本当の意味での新たなセカンドキャリア開始に備えている最中だ。遠山さんが語った「なんとなく」とは逆説的に、深い意味のある再雇用期間であると思う。

数多《あまた》の定年後に再雇用で働くシニア社員たちの話を聞いていると、自身の職業能力に不安を抱いているケースは予想した以上に多い。期待される役割や能力が不明確なだけに、具体的に何を学び、どの技能を伸ばせばいいのか、わからない場合も少なくないのだ。シニア社員自身がスキル向上のために努力を重ねる必要がある一方で、能力開発・職業訓練への国や企業の支援が欠かせない。

雇用市場へのシニア層の流入が加速するなか、雇用主は65歳までの継続雇用期間の間に、定年後再雇用者の66歳以降の継続雇用延長の検討や、転職支援など、次のステップへの橋渡し役を担う必要性が今後ますます高まるだろう。

＊１　対象年齢が65歳までに引き上げられたのは２０１３年。継続雇用制度の対象者も同年から希望者全員に拡大された。継続雇用制度、定年の引き上げ、定年制の廃止のいずれかの高年齢者の雇用確保措置が義務づけられている。ただし、13年３月までに継続雇用制度の対象者を限定する基準を労使協定で設けていた場合、25年３月までの経過措置が認められている。

＊２　70歳までの継続雇用制度の導入のほか、70歳までの定年の引き上げ、定年制の廃止、70歳まで継続的に業務委託契約を締結する制度の導入、70歳まで継続的に、事業主が自ら実施する社会貢献事業、または事業主が委託、出資する団体が行う社会貢献事業に従事できる制度の導入――のいずれかの高年齢者の就業確保措置を取ることが努力義務となった。

＊３　一定の猶予期間のこと。金融、経済以外では、学卒後、社会人になるまでの猶予期間など、若年者について使用されることが多い。

＊４　調査対象の定年後再雇用者の性別は男性４０５人、女性１８６人。雇用形態の内訳は、フルタイム３７５人、パートタイム94人、嘱託１２２人。ただし、パーソル総合研究所によると、雇用形態の３分類には厳密な定義を設けておらず、調査対象者自身が認識して聴取時に答えたもので、勤務する会社が採用している「呼称」。このため、例えば嘱託にはフルタイム、パートタイム双方が含まれるなど、それぞれの分類が重なる概念になっているという。

＊５　ある行動や目標をうまく実行、達成できるという自信。自己効力感が高まると、仕事においては職務遂行能力の向上につながる。

＊６　フルタイムで職務配置・内容などの制約なく働くコースから、家族介護など家庭や健康面などさまざ

まな事情で仕事の負荷軽減を望むパートタイムまで、それぞれに応じて定年直前の基本給から減額する割合を変化させる必要もある。

# 第２章

# 転職で「再チャレンジ」

## 一社特有のスキルでは至難の業

日本では中年期以降の転職市場は成熟しておらず、まして定年後ともなると、求人もかなり少なくなり、需要と供給のミスマッチも生じている。

シニア層の需要がある代表例が、警備員やマンション管理人、清掃業、調理補助などの「現場」の仕事。一方、シニア層が希望するのは事務系職種が圧倒的に多いが、特に60歳以降のホワイトカラー系の転職は、正社員か、嘱託、契約などの非正規社員かにかかわらず、技術系の専門職や有資格者などのスペシャリスト以外は狭き門となっている（ただし、スペシャリストであっても、保持する知識・スキルをアップデートできていることが前提条件となる）。

難関突破を目指そうにも、ホワイトカラーでひとつの会社に定年退職時、または50代の役職定年時までなど長期間勤めた人ほど、部署間の調整能力、いわゆる「根回し」や、事業計画、新商品開発などのその社独特の説明スキルといった、社内でのみ有効な技能である「ファーム・スペシフィック・スキル」しか持ち合わせていないケースが多い。このため、定年まで培ってきた経験を生かせないばかりか、転職すること自体、至難の業となっているのが実情なのである。

転職においては、会社や業種・職種が変わっても持ち運びができる、つまり汎用性の高い職務遂行上のスキルを指す「ポータブルスキル」[*1]が重要だが、特にシニアにはこうした能力が不可欠であると同時に、高い専門性も要求される。

定年後の就業継続、さらに再雇用期間の65歳を過ぎても働き続けたいと希望する人が増えるなか、もはや社内での実績や管理職経験だけでは転職のアピールポイントになり得ず、他社や他業種で実績を上げて社業に貢献することが可能な、付加価値の高い人材が求められる傾向にある。

何が、転職の成否を分けるのか。成功、失敗両方の事例を紹介し、シニア人材の転職の新たな可能性について考える。

## ［ケース１］　転職阻む頑固なこだわり

### 「企業文化の伝承」と「阿吽の呼吸」が大事

　中堅メーカーで商品企画部の部長に、同期の先陣を切って昇進したばかりの浜中徹治《はまなかてつじ》さん（仮名、当時47歳）に出会ったのは、２００８年。取材テーマは、職場内の優位性を利用した嫌がらせ行為であるパワーハラスメント（パワハラ）の防止対策だった。

　当時、和製英語のパワハラという言葉はすでにある書籍をきっかけに世に出ていたものの、厚生労働省がその定義を公表するのは４年後のこと。各企業ではパワハラそのものが十分に認識されておらず、まして実効性のある対策を図っているケースはわずかだった。

　そんななか、浜中さんは当時としては数少ない、パワハラに対する意識の高い管理職であり、パワハラが起こる背景・要因と対策について、上司と部下の関係性や職場環境・風土面から語ってくれたのだ。

「まずパワハラなんてものは、それぞれの企業特有の職場の文化が、上司から部下へとうまく伝承できていれば起こるはずがないんです。というと、なんか、伝統文化の継承みたいな難しい話のようですが……あっ、は、は……日々取り組んでいれば問題ありませんよ」

大学時代、相手フォワードと直接組み合うスクラムの要であるプロップを担っていただけあって、身長180センチほどもある大きな体に似つかわしく、豪快に笑う。

「嫌がらせ・いじめと、指導などは全く異なるものですからね。これは部下の育成のための、部下のためを思った、上司からの指導や注意であることをしっかりと相手に伝えていけば、それをいじめなどと間違って捉えることは起こらないと思いますね。つまり、言葉に出さずとも、『阿吽《あうん》の呼吸』が大事ということなんです。まあ、『根回し』とも言いますけどね。うっ、ふふ……。私たち管理職だって、若手時代から先輩、上司にそうして鍛えられたお陰で、成長することができたわけですから。そのあたりをしっかりと理解して、日頃から上司と部下の関係を築いていく、そんな職場風土を育んでいく。それが私たち管理職に求められている重要な役目だと思っています」

「企業特有の文化」も、上司と部下の「阿吽の呼吸」も、浜中さん自身が会得して実践し、会社員としての成長、さらには管理職として昇進を重ねるという出世にもつながっていた。

低くて太い、よく響く声で堂々と言い切るその姿には、部長として幸先の良いスタートを切った自信がみなぎっていた。

## 社内「根回し」を超えたパワハラ問題

その後も優れた商品企画力とマネジメント力を遺憾なく発揮し、2010年に49歳で営業部に異動して部長を務める。取材を続けるなかでも、ますます管理職としての貫禄を増していくのがありありとわかった。

そうして13年、52歳の時に晴れて事業本部長に昇進するのだ。順風満帆のサラリーマン人生に見えた。定期的に会って話を聞くだけでも十二分に感じたのだから、ましてや社内では周りがうらやむ出世街道を歩んでいたことは間違いないだろう。

しかし、事業本部長に就いてしばらく過ぎたあたりから、自分が考える上司・部下関係や職場風土と、新たな時代に社会や若手社員が求める職場の人間関係や文化とのギャップに対して、嫌悪感を露《あら》わにするようになる。

象徴する問題がパワハラだった。以前は、「企業文化がうまく伝承されれば起こるはずがない」と自信を持って話していたパワハラが、自身が統括する事業本部内の複数の部署からもパワハラ被害を人事部の窓口に訴えるケースが相次いだのだ。

事業本部長に昇進する前年の12年、厚生労働省がパワハラの定義を初めて公表するなど、パワハラに対する世の中の認識が少しずつ高まりつつあった時期でもあった。

「最初に取材してもらったように、私はもともとパワハラに関する知識があり、意識も高い管理職として部下の育成、人間関係の構築に努めてきました。その根底を支えていたのは、前にも言ったように、長年受け継がれてきた企業特有の文化と、上司・部下の阿吽の呼吸、根回し力です。それなのに……それが、そのー、今ではうまく通じなくなってきていて……」

浜中さんにしては珍しく、言いよどむ。

「社内の『根回し』では収められないところにパワハラ問題があるということですか？」

「まあ、そう……そう、言わざるを得ませんね。すみません、今日はこの辺でいいですか」

中途半端な答えのまま、浜中さんからインタビューを切り上げたのはこの時が初めてだった。戸惑いの大きさがうかがえると同時に、何か自身にも問題を抱えているようにも見えた。

だが、この時は聞き出すことができなかった。己の不甲斐なさを痛感した取材でもある。

15年末、電通の新入社員の女性（当時24歳）が過労自殺し、労災認定された事件を契機に、

「働き方改革実行計画」にパワハラ対策が項目に加えられる。その5年後、改正労働施策総合推進法（通称「パワハラ防止法」）[*2]施行により、20年6月から、パワハラの防止対策が大企業で義務づけられることになる（中小企業は22年4月から）。

そうして、浜中さんもやがて、その渦中の人となってしまうのだ。

## 「パワハラ」加害で、出世の階段を滑り落ちる

浜中さんはその後も、旧来の上司・部下関係や職場風土が次第に通じなくなってきていることに不安や焦りを感じながらも、事業本部長としての任務を着実にこなし、勤務する会社では役職定年の年齢にあたる55歳を過ぎても役職延長を重ねていく。

ところが、執行役員、または子会社社長のポストを手にできると考えていた矢先、部下からパワハラで訴えられてしまうのである。２０１９年、58歳の時だった。

「寝耳に水で、まさか、この自分が……というのが、正直なところでした。伝統的な企業文化も、阿吽の呼吸も通用せず、杓子《しやくし》定規に上司・部下関係を片づけようとする風潮が年々強まっているのは重々、承知していたつもりでしたが……。もちろん、私としては職場の優

位性を利用して嫌がらせをしたり、無理な職務を命じたりしたことはありませんし、パワハラ防止法の定義に照らし合わせても、今もパワハラに該当する行為であったとは考えていません。しかし……事実認定されてしまい……」

言葉に詰まるだけでなく、いつしか顔面蒼白《そうはく》となり、嗚咽《おえつ》していた。

パワハラ被害を受けたと訴えた営業部の部長は、浜中さんにとっては「手塩にかけて育て、部長昇進も後押しした部下」。訴えによると、複数ある営業部門の中でもその部下が部長を務める部は営業実績が最下位であるとして、浜中さんは業務時間外の深夜や週末にまでその部長に電話をして注意、指導したほか、営業部門各部署の社員の多くが着席している時間帯を見計らって、大声でその部長を叱りつけるなどの行為を繰り返した。その影響で、うつ病を発症して約1か月間の休職を余儀なくされ、自身の職務遂行のみならず、統括する営業部全体の業績悪化を招いたというのが、訴えの内容だった。

人事部で営業部内外の関係社員にヒヤリングを行うなどした結果、パワハラ行為であったと事実認定されたのだという。浜中さんの弁明は認められなかった。

譴責《けんせき》の懲戒処分を受け、役職を解かれることに。当然ながら、執行役員も、子会社社長への道も閉ざされた。

「その部下の営業部長が訴えた内容は、私もかつて上司から受けた指導と何ら変わりません。私自身、鍛えられたお陰で実績を積み重ねて、事業本部長にまで上り詰めることができたと思っています。それが、今では指導ではなく、懲戒処分まで受ける不当行為とみなされる。最後の最後で、出世の階段を滑り落ちるなどとは、思ってもみませんでした……」

## 「復讐」のための転職も難航

役職を解かれ、人事部付の平社員となってから半年ほど経った頃、浜中さんは意気消沈した弱々しい表情で、「ただ窓際で時間が過ぎるのを待つだけの日々を送っている」と漏らした。

ところがさらに数か月過ぎ、59歳の誕生日を迎えてしばらくした時のインタビューで突然、「この無念のままでは会社員人生を終われない。出世の道から蹴落とした奴らを見返してやりたい。つまり復讐です」と語り、顔を紅潮させて怒りを吐き出した。過激な言葉遣いに正直、驚いた。そして、「復讐」方法として彼が選んだのが、転職だった。

転職エージェント数社に登録したほか、これまで仕事で出会った人脈や大学時代の友人など、さまざまなネットワークを駆使して、仕事探しを始めたのだ。

定年退職を待たずとも、即転職したい意向だったが、転職活動は難航した。

「全く、私をバカにしている。一流企業で事業本部長まで務めた人間ですよ！　賃金など待遇やポジション、職務内容を落とすことは到底、できませんよ。やりとりすればするほど、腹が立ってきて前に進みません」

転職活動の状況を尋ねると、毎度、登録している転職エージェントのカウンセラーらへの愚痴を繰り返す。これまでのキャリアの棚卸しなど、カウンセラーから出された課題に応じることもなく、自身が求める条件に合わない仕事を勧められることが我慢ならないようだった。


「自分の会社員人生を否定するようで……」

２０２１年、転職活動を始めてから約８か月後、浜中さんは転職先が見つからないまま、定年退職を迎える。退職から数か月過ぎた頃のインタビューでは、「仕事もせず、趣味などで外出することもなく、ただ家の中で過ごす時間が、定年前の『窓際』出社を思い返してしまい、つらい……」と、いつになく弱気な気持ちを漏らした。

少しずつ外出するようにもなった暮らしの変化を話してくれるようになったのは、さらに数か月ほど過ぎた22年のことだった。

「独身で同居する20代後半と30過ぎの息子2人が出勤する前に自宅を出て、近所の人たちに会わないように電車で30分から1時間ほどの距離の離れた公立図書館をはしごするような毎日です。どこの図書館にも、決まって私と似た境遇とみられる男性がいるもんですね。たまに読みたい新聞が重なって取り合ったり、譲り合ったり……。もちろん、会話を交わすことも、友達になることもありませんが……出掛けることで、ほんの少し気持ちが楽になったような気がしています」

話し始めは少し強張《こわば》った面持ちだったが、終盤では穏やかな表情になっていた。

そうして、23年末、事業本部長を退いてから四年余りを経て、ようやく定年から今に至る思いを語ってくれた。

「部下からの予想だにしなかったパワハラの訴えで、執行役員も子会社社長の道も閉ざされ、会社員生活の最後でどん底を経験しましたが……今振り返ると、時代の変化を受け入れようとしなかった自分がいけなかった。脇が甘かったのですね。そして、その段に至っても、事業本部長まで務めたんだから、きっと良い転職先がある、転職で『見返してやる』などと高をくくっていた。本当にバカですね……そんな調子のいいことなどないのに……」

「なぜ、スムーズに転職先が見つからなかったのだと思いますか?」浜中さんの心情に配慮し、控えてきた質問だったが、落ち着きを取り戻して振り返る様子を見て、今なら大丈夫ではないか、と判断した。

「…………」束の間、沈黙が訪れる。ただ、ネガティブなそれではなく、自身の気持ちをうまく言語化するためのものだったように思う。

「そうですね。大学を卒業してから定年までひとつの会社に勤めてきて、社内でしか通用しない『根回し』など職場の文化が染みついてしまっていた。当然ながら、上位の管理職経験だけではものにならないし……平社員に戻った定年直前の転職活動スタートではアピールする点がなかったと思いますね。もっと早く気づいて、準備しておくべきだったんでしょうが……。それと、そのー……転職先でのポジション、賃金など待遇に関する条件を下げられなかったことも、転職に失敗した要因でしょうね」

「どうして、条件を下げられなかったのでしょうか?」酷な問いだったが、聞いておかねばならない。

「頑固なこだわり、プライドとも言えるかもしれませんが……条件を下げると、定年まで懸命に働いてきた自分の会社員人生を否定するようで……。でもまた働きたければ、そうせざるを得ないということは少しずつ理解できるようになってきたのですが……」

24年に63歳の誕生日を迎えるのを前に、今改めて働く意味について考えているという。

「今のところ、預貯金を取り崩して何とか生活はできていますが、これからはどうすればいいのか。遅ればせながら、人生設計も含めて練り直し……そのうえで、少しでも働くことができれば……そりゃ、図書館で時間をつぶすよりはいいですけどね……さあ、どうでしょうかね……」

そう言い終えると、笑みを浮かべた。浜中さんの笑顔を見たのは、最初の取材以来、十数年ぶりだった。

## ［ケース2］ 熱血部長の挑戦

### 「バイタリティとチャレンジ精神」で50代転職

２０２３年秋、日本企業の米国現地法人の副社長に転職して2年目の山里潤《やまさとじゅん》さん（仮名、56歳）は、オンライン会議システムを活用して行ったインタビューで、意気揚々としてこう話し始めた。

「たまたま、長年経験を積んだ業界の需要があったり、人付き合いが得意だから貴重な人脈を持っていたり……50代半ばでの『ラッキーチャンス』をものにできた要因は複数あると思いますが、やはり一番は見ての通り、この持ち前のバイタリティとチャレンジ精神じゃないでしょうか。あっ、はは……自分で大いに自慢するのも変ですが……全力で一生懸命に頑張って、やっと手にしたんだから、言っちゃっていいですよね。はっ、はっ、ははは……」

弾けんばかりの笑顔と豪快な笑い声。ノートパソコンいっぱいに映った彼の顔が、今にもこちらに飛び出てきそうな勢いだった。

十数年に及ぶ取材では、企業のリストラや希薄化する職場のコミュニケーション、部下をやる気にさせる「上司力」など、さまざまな労働に関するテーマ・問題で話を聞いてきた。その終盤で、まさに山里さん自身が語った持ち味が思う存分に発揮されたのが、役職定年を約1年後に控えた54歳での前職の辞職、そして8か月の求職活動の末、55歳で手にした「ラッキーチャンス」という現職への転職だった。

「30年余りも勤めた前の会社では、周りからは『熱血部長』って、褒められて……あっ、いや、皮肉られていたのかもしれませんが、はっ、ははは……。とにかく熱い部長として見られて、僕自身もそれに応えるように頑張って、実績も上げていましたからね。僕を大きく成長させてくれた会社への感謝も込めて、そのイメージのまま、役職定年を迎える前に潔く、退きたかった。本来は転職先が決まってからの退職が理想ではありましたけれど、実際には難しくて……。もちろん、辞める数年前、50手前から再出発の準備はしていたんですけど、それでも足りなかったですね。ホント、思いもよらない、いろんな経験をさせてもらいました。すべてが今、身になっていると思っています」

この語りの終盤で満面の笑みから一変、わずかの間、眉根を寄せて真剣な表情を見せた。

長期間に及ぶインタビューで、自分から「つらい」「苦しい」という言葉を口にしたことは一度もない。が、「ラッキーチャンス」を獲得するまでには数々の苦難も体験した。それだからこそ、転職がうまくいった理由について、具体的なノウハウよりも、「バイタリティ」と「チャレンジ精神」を挙げたのではないだろうか。

50代半ばでの転職を考える動機ともなった、40代前半の職場での苦い経験まで遡り、仕事に対する姿勢や転職までの道のりをたどりながら、その成功の秘訣を探ってみたい。

## 業界再編で社員のリストラ役

山里さんを最初に取材したのは、２００８年。業界再編の波で大型合併が相次いだ製薬会社の当時41歳の人事部の課長として、社員のリストラについて話を聞いたのだ。

会社広報部を通した正式な取材申し込みでは実現することが不可能で、さまざまな方法でアプローチ、交渉を重ねた末、匿名で社名を伏せることを条件に、たどり着いたのが山里さんだった。

複数の会社が経営統合によってひとつの会社になる合併については、業界の事情や今後のゆくえなどについての報道はなされていたが、労働者目線に立ってそれぞれの会社の社員がどのような苦難を経験しているのか、ましてやリストラを担当する社員の心中を知る機会は皆無だった。

そうした状況を認識して疑問視したうえで、山里さんは実態を明らかにすることで、合併でやむなく退職することになった人たちを後方から支援したいと考えたのではないだろうか。勇気を出して取材に協力してくれた彼に感謝の意を伝えると、やや大振りのジェスチャーを交えて表情豊かに、「僕でお役に立てることがあれば、何でもお話ししますよ」と応えてくれた。あの時、心動かされた記憶が鮮やかによみがえる。

企業合併は、経営陣にとっては多少の困難はありつつ、企業存続と事業発展のための前向きな選択ではあっても、労働者にとっては大きな痛みを伴うものだ。そのあたりを山里さんは十分に理解したうえで、社員のリストラを実行する役目を担う苦悩についても、包み隠さず話してくれた。

「会社が決めたことに、社員は逆らえません。ただ、経営陣は社員の行く末をもう少し手厚く支援するべきだと思いますね。１９９７年に自主廃業した山一證券の野澤社長（当時）が『私ら（経営陣）が悪いんであって、社員は悪くありませんから。どうか社員の皆さんを応援してやってください』と記者会見で涙ながらに訴えた言葉が脳裏に焼きついています。待遇は悪くなっても関連会社への転職まで斡旋《あっせん》できたケースは良いほうで、希望退職を募ったり、退職勧奨まで行ったりと……過去に共に仕事をした社員もいますし、彼らの家族のことまで考えると、本当にやりきれない。リストラの対象になった社員の皆さんには残りのキャリア人生を何とか頑張ってもらいたいと、ただ願うばかりです」

そう一気に話すと、数秒、天井を見上げた。

## 会社を恨まないための転職

山里さんは実は、入社以来、2年間の企画部を除き、営業畑ひと筋に歩んできた。営業での手腕を買われ、企業合併による大規模リストラを実行するにあたり、急遽人事部に呼ばれ、約3年間だけ人事課長を務めることになったのだ。

同じ社のかつて仕事を共にした元上司、同僚を含めた社員を、会社の命によってリストラせざるを得なかった、この40代前半での経験が、営業部に戻った後も、働くことと、会社との向き合い方に対する考え方に大きな影響を与えたようだ。

2013年、2年前に営業部の次長に昇進した46歳の山里さんは、会社員としての今後の身の振り方についてこう話した。

「幸い、私はリストラを免れて、今やりたい分野の仕事をやらせてもらっています。自分の能力を発揮してチャレンジを続けてきたつもりです。会社には感謝しています。ただ……今がそうであるだけであって、これからどうなるかわからない。そういう危機感を営業部に戻った３年前から抱き始めて、今ますます強くなっているんです。『明日はわが身』というか……。やはり、あの、リストラ実行役を務めた経験が大きく影響しているんでしょうね。ここまで育ててもらって、やりがいのある仕事をさせてもらった会社を、そのー、何と言えばいいのかな……うん、そう、会社を恨んで辞めたくない、そうならないためにも、早めに動いて前向きな転職で再チャレンジしたいんですよね」

いつもの明るい表情がやや鳴りを潜め、神妙な面持ちで胸の内を明かしてくれた。ただ、ここで終わる山里さんではない。この時のインタビューの最後でこう話して、語気を強めた。

「奥田さん、転職には前職でのポジションと実績も重要だから、僕はまず部長に昇進します。それと同時に転職のための準備を進めて、役職定年の55歳になる前に退職します。そして、今の会社の部長よりもハイクラスとなる転職に、第二のキャリア人生を賭けたい。この場で宣言しますから、どうかしっかりと記録しておいてくださいね！　あっ、ははは……」

山里さんらしい、部長昇進と転職へのチャレンジ宣言だった。

## 「どの会社でも重宝される能力を磨く」

宣言した通り、山里さんは2015年、48歳で営業部の部長に昇進した。「次長の時とは比べものにならないぐらいハードで責任が重い」と部長職に就いてから数か月経た時のインタビューで話し、自信満々だった昇進でも、ポストに就いてみないとわからない職務遂行の難しさを明かした。そして、それ以上に驚いたのは、部長昇進からわずか2、3か月で転職エージェントに登録していたことだった。取材時点ではすでに4社に登録し、このうち2社とは頻繁に連絡を取り、定期的にアドバイザーと面談も行っているという。

「意外でしたか。念願の部長になって慌ただしいこの時期に、数年先の転職に向けて動き出しているというのは……あっ、ははは……。本格的な転職活動の前に、自分のキャリアの市場価値を知るのが目的なんです」

「自分の市場価値ですか?」当時、数年先の転職のために転職エージェントに登録すること自体珍しいうえ、自身の市場価値を探るという考えは新鮮だった。

「僕は社内では働きぶりが高い評価を受け、順風満帆に出世の階段を上ってきましたが、それは『今の会社でのこと』と、敢えて客観的に捉える必要があると思うんです。だって、転職では、それまで勤めてきた会社とは異なる基準、条件で評価されることが多いわけで、よくある職場のしきたりや根回しなど、企業独特のカルチャーは通用しませんからね。今の会社で部長としてさらに実績を上げながら、そんな自分が転職市場でどれぐらいの価値があるのか……言い換えれば、どこまで『ものになるのか』を認識して、転職に向けた戦略を考えなければならない。やるからには、『ハイクラス転職』を目指します」

「転職への戦略として、今考えていることは何ですか?」

「部長まで務めた会社で培ってきた経験を生かしつつも、どの会社でも通用し、重宝される能力を棚卸しして、足りない点は今からでも経験を積んでスキルを磨き、補っていくということでしょうか」

そう話すと、口角を上げた。自信の表情に見えた。

数年先の転職計画であるにもかかわらず、山里さんはすでにこの時点で、今の会社でしか通用しない「ファーム・スペシフィック・スキル」の限界を認識し、異なる業種、職種を含めてどの企業でも有用な「ポータブルスキル」に注力していたことは、50代半ばでの転職を成功に導いた大きな要因のひとつと言えるだろう。

## 配送員バイトを経て海外法人副社長

それから6年後の2021年、山里さんはこれも宣言した通り、役職定年を迎える前年の54歳で退職する。ただ、目標通りにいかなかった点がある。それは退職時点で、転職先が決まっていなかったことである。

退職直後のインタビューでも、30年余り勤務した会社で思う存分やりきった満足感とともに、転職に意欲的に臨む姿勢を示したが、それと同時に、予想外の50代の転職の難しさにやや戸惑っている様子もうかがえた。

「退職前に転職先が決まらなかったのは、部長の仕事が忙しかったというのは言い訳になりませんし、自分の能力と努力が不足しているとしか言いようがありませんね。ただ、これからはすべての時間を使って、本腰を入れて転職活動ができるわけで……全力で頑張りますから、奥田さん、どうか見ていてください！」

退職後休むこともなく、翌日から、山里さんは意欲的に転職活動に取り組んだ。転職エージェントだけに頼るのではなく、会社員生活で築いた仕事関係者をはじめ、学生時代の友人、退職前から転職準備として定期的に顔を出していた同業種、異業種双方の交流会のメンバーなど、幅広い人的ネットワークを駆使して転職に臨んだのだ。

当初は、退職後早期に転職先が見つかると踏んでいた。海外赴任の経験もあって英語も堪能なことから、国内だけでなく、海外の企業へも履歴・職務経歴を記載したレジュメを送り続けた。その過程で目指していた「ハイクラス転職」から処遇、条件も下げていったものの、思うように良い結果は得られなかった。

大学に通う一人娘の教育費は何とかやりくりできたが、妻が新たに始めたパートでの収入しかなく、預貯金を取り崩しての生活を余儀なくされる。前職を辞してから3か月ほど過ぎた頃から、山里さんはフードデリバリーの配送員のアルバイトを始める。

「前の会社の人間に見つかったら笑われるでしょうが、経済面だけでなく、体を動かしていたほうが気持ちが楽なんです。それと……今になって言うのも何なんですが……妻にとても感謝しています。50過ぎて本来なら趣味でも楽しみたいところなのに……妻は結婚してから初めて働きに出て、レジュメをつくるのを手伝ってくれて、僕の転職を応援してくれているんです。そんないろんな思いがバイクで配送しながら巡ってきて、もっと頑張らなくては、きっと大丈夫、と元気が出てくるというか……」

自身の努力と、苦境を跳ねのける強い精神力、そして妻の応援もあって、前職辞職から約8か月後の22年、55歳で日本の製薬会社の米国現地法人副社長への就任が叶ったのだ。

そうして、23年秋の冒頭のオンラインインタビューへとつながる。

「くどいですが、うっ、ふふ……本当にラッキーだったと思っています。業界の需要をつぶさに察知して、これまで築いてきた人脈を生かして同年代の転職経験者からアドバイスをもらい……チャンスを手にするには、スキル磨きをはじめ、さまざまな努力が必要だったなと改めて実感しています。そして、その土台にあるのが、さっきも自慢したチャレンジ精神、それに尽きますね」

話し終えて、なおいっそう相好《そうこう》を崩した。

## ［ケース３］　スタートアップの助っ人

### 舞い降りたスタートアップＣＦＯの座

「会社員として三十数年、経理、財務畑を歩み、私なりにバックオフィス部門の組織での可能性と有用性を精一杯、アピールしてきたつもりでしたが、結局志半ばで定年を迎えようとしていた、そんな時期に、まさか、スタートアップ企業から声を掛けてもらえるなんて……本当に夢のようです。すでに税理士資格を取って個人で事業を行うつもりでしたし……。ただ、そのー……うまく表現できないんですが、もう一度、というか、最後に……会社という組織で自分の専門スキルを生かしてみたかった。それに、スタートアップという、意欲を持った若手経営者の人たちの役に立ち、彼らの新たな可能性に賭けてみたかったんです」

２０２３年の年の瀬、ＩＴ系のスタートアップ企業で最高財務責任者（ＣＦＯ）を務める高村健一郎《たかむらけんいちろう》さん（仮名、61歳）は、定年直後に夢を叶えた喜びを控え目ながら、一言ひと言、噛みしめるように明かした。

メーカーの経理、財務両部の部長を務めて定年退職後、税理士として独立する予定だったが、創業間もないスタートアップ企業からのヘッドハンティングにより、財務部長として転職、2年目となる23年、設立時から空席だったCFOに就いた。

スタートアップとは、革新性のあるビジネスモデルでイノベーションを起こして短期間に大きな成長率で事業を展開する企業のことで、創業2、3年の企業を指すことが多い。米国・シリコンバレーで使われ始めたと言われる。岸田首相が22年の年頭記者会見において、「本年をスタートアップ創出元年」として、スタートアップ5か年計画[*3]を策定し、強力に推し進める決意を示したことでも一躍知れ渡ることになった。

高村さんにとって現職は、同じ「夢」でも、明確に目指していた目標というよりは、思いがけず舞い降りたポストだった。取材対象者の語りを文字で伝える難しさを痛感するが、叶いそうもない夢が現実となった感動と溢れんばかりの喜びを、普段はあまり感情を表出することのない彼が懸命に伝えてくれたことは、十数年前から取材を続けてきた身として感慨深いものがあった。

## 40代半ばから定年後を思い描く

高村さんは２００７年、定年後の生き方をテーマに、東京駅前の大型書店で開かれた、筆者も登壇したトークショーの参加者だった。終了後に声をかけてくれたのだ。定年後も働くことを目指した身の処し方、さらに定年までの時間をどう仕事や会社と向き合えばよいのか、後日話を聞いてもらえないか、という内容だった。

その数日後、さっそく会って話を聞くことになった。こちらとしては、もともと正式な取材のつもりはなかったのだが、高村さんのほうから、「きっと自分と同じように悩んでいる人がいるはず。参考になれば」と取材協力を申し出てくれたのだ。結局、この十数年の軌跡を自著で紹介する機会がないまま時が流れた。厳密に言うと、時機を逸したというよりは、本作のように定年後そのものをテーマとする著作を上梓できる日が来るまで、温めておいたといったほうが正しい。

07年の初インタビュー時、高村さんは45歳。中堅電機メーカーの財務課長を務めていた。この前年から高年齢者雇用確保措置が義務化されていたが、雇用主は継続雇用制度の対象者を限定できたこともあり、定年後の再雇用などはあまり進んでいなかった。このため、「定年後」というと、メディアの取り上げ方も、社会全体の意識としても、いかに健康で、趣味や地域活動などを通して充実した日々を過ごすか、といった私生活に焦点が当てられていた。書店で開いたトークショーでも、一部働く男性の事例も紹介したが、多くはこうした社会意識を反映した内容だった。

そんななか、高村さんは、「働く」ということを前提に、まだ15年も先の定年後を思い描き、定年までの自らの働き方、会社という組織内での労働者としてのあり方について真剣に考え、思い悩んでいた。そのことに、当時定年後について取材を始めてまだ数年だった筆者は心揺さぶられた。

### 屋台骨も「評価されない経理、財務」

高村さんの主な悩みは、経理、財務に携わってきた自身の経験、スキルが社内で思うようには評価されず、よって定年後も生かせないのではないかという不安や戸惑いだった。

「入社以来、ずっと経理、財務部で仕事をしてきて、自分としては貴重なスキルを身につけ、それなりに会社に貢献してきたと思うんです。経理部で経験を積んでから、現在の財務部に移り、経理から上がってきた財務諸表などをもとに財務戦略の立案や資金調達などを行って、会社経営の屋台骨として、重要な役目であることを実感してきました。それなのに……花形の部署は、営業、企画や技術職です。どうして、社内、それから社外でも経理、財務などはコストセンターと揶揄《やゆ》され、評価されないのか。私自身が上位の管理職に昇進して、経営陣にも訴えられるようになりたい。米国などでの最高財務責任者（ＣＦＯ）のような、活躍できるポストが必要なんです。日本では一部の大企業を除いて、まだＣＦＯが確立されていませんからね。社内では経理、財務から役員に就いた人さえいませんから……」

「ただ、失礼ですが、もし転職されるとすると、企業の枠を超えて通用する専門スキルと言えるのではないでしょうか？」

「その、はず、なんですが……。いずれ、経理や総務、人事などのバックオフィス部門はアウトソーシング、つまり業務の一部を外部に業務委託することで効率化を図ることが主流になるんじゃないでしょうか。ただ、より高度な専門知識・技能が必要な財務は難しいと思いますけれどね……」

　自身の経験してきた経理、財務という職種にプライドを持っている。だが、なかなか社内外で評価されにくいもどかしさや悔しさが、淡々とした語り口ながら、ひしひしと伝わってきた。

## 税理士目指し、「組織とはオサラバ」決意

社内でも、社外でも、経理、財務のプロとしての活躍に希望を見出せずにいたものの、高村さんは決して諦めることなく、課長時代に宣言した通り、経営陣に訴えるだけの力を備えるため、実績を上げて周囲から高い評価を得て、昇進を重ねていった。

経理部長を経て、２０１４年、52歳で財務部長のポストに就く。従来の財務部長とは異なり、財務戦略だけにとどまることなく、積極的に経営戦略についても経営陣に進言するとともに、人事、総務などを含めた管理部門を統括する成長戦略に関しても次々とアイデアを打ち出していった。定期的に行っていた取材時に、進捗を話してくれる高村さんの顔は、いつも輝いていた。成し遂げようとしていることはまさにＣＦＯの任務であり、彼自身、それに近いポストを目指している、そう信じて疑わなかった。

高村さんの真意を知るのは、勤務する会社の役職定年の年齢である55歳まであと数か月に迫った16年のことだった。

「財務部長のポストにあるうちは、これから経理、財務でやっていこうという後進を少しでも増やし、彼らの道しるべになるべく、全身全霊を傾けて頑張りました。やる以上、難しいかもしれないなどと弱気になったらダメですから、必ず実現させるつもりで取り組みました。でも……半年ぐらい前からでしょうか、役定まであと1年という時期を迎えて、冷静に、現実を直視するようになった。もはや、自分の時代は、ここまで、だと……。残念ですが……」

本心を明かす段になって、慎重に言葉を選ぶ。それだけ、彼にとって苦しく、重い現実だったのだろう。

「では……次は、何を……」尋ねにくくはあったが、何か、を期待しての質問だった。

「税理士を目指します。もう組織とはオサラバ、です。これから勉強を始めて、通信講座も受講する予定です。定年前には何としても試験に合格して資格を取りたい。全力投球します」

その表情に曇りはなかった。

## 30代CEOから「力を貸してもらえないか」

高村さんは計画通り、2021年、59歳で税理士資格を取得する。定年の8か月前に見事、試験に合格したのだ。

無論、会社内での仕事を蔑《ないがし》ろにして税理士試験合格のための勉強に時間を費やしていたわけではない。税理士を目指すと宣言してからは組織に対する思いはどこか吹っ切れたようで、経営陣が経理、財務人材の有効活用と地位向上をいまだ推し進めていないことには納得していないものの、定年まで残された時間を財務部の役職なしの社員として、後進の指導、育成に力を注いだ。

税理士資格を取得後、自宅での税理士事務所開設に向けて奔走していた22年、それは定年退職の半年前の出来事だった。経営者向けの財務に関するセミナーを受講した際に出会い、連絡先を交換したある男性から、セミナーの数日後、突然連絡が入ったという。

「会社を立ち上げてIT系の新規事業を展開し始めたばかりだが、短い間に大きく成長するためにはあなたが長年築いてきた専門スキルが欠かせない。力を貸してもらえないか」と。

この声を掛けた30代前半の男性が、21年に創業したスタートアップ企業の最高経営責任者

（CEO）だった。最高執行責任者（COO）ほか役員を交えて面談を重ね、約1か月後には承諾する旨返事をした。

## 「転職」で活躍も増えるのでは

「税理士として顧客となる経営者と向き合うための準備として、いろんな勉強会に参加していたそのひとつのセミナーでした。『スタートアップって、あの？』という感じで……最初は驚いたというのが正直なところでした。それに……会社という組織ではいろいろと学ばせてもらって感謝していますが……それなりに、つらいことも経験した。もう、組織の中で働くのは卒業しようと決めていましたから……」

23年末のインタビューでそう明かした。

それでも、スタートアップ企業への転職を選んだのはなぜか。この問いに対する答えが、本事例冒頭の語りである。高村さんはその後も、「経験、ノウハウを生かす」と「新たな可能性に賭ける」という熱い思いを繰り返した。

これから仕事とどう、向き合っていこうと考えているのだろうか。

「今はやはり、組織で新たな事業を展開するための役に立てていることが、大きなやりがいです。今の会社が軌道に乗ったら、税理士としての仕事に専念したい。キャリア人生も終盤ですが……体が続く限りは悔いのないよう、頑張ってみたいと思っています」

ちなみに、高村さんが最初の取材の07年当時から切望していたように、今では最高財務責任者（ＣＦＯ）を置く日本企業が増え、ソニーグループやニコンなどＣＦＯ経験者が社長に就く例が相次いでいる。

そして、経理、財務はじめ、バックオフィス部門の明日についてはどうか。

「奥田さんに初めて会った十数年前は、バックオフィス部門に明るい希望が持てなかったし、定年時だってそれほど変わらなかった。でも、スタートアップも含めてどの企業でも通用する仕事の能力、経験はこれからますます需要が高まるのではないでしょうか。私が思わぬチャンスを手にしたように、定年後だって長いキャリアを生かして転職し、活躍する場は少しずつかもしれないけれど、増えていくのではないかと期待しています」

そう、力強く語った。

## ポータブルスキルと専門性を磨く

### 近い将来、転職が主流に

日本企業では定年後などシニア層、なかでもホワイトカラーの転職は困難を極めることは冒頭でも述べたが、働き慣れた会社での再雇用を選ぶシニアが多い一方で、雇用主に継続雇用が義務づけられているのは65歳まで。それ以降の継続雇用制度を導入している企業はまだ少なく、働き続けたければ、労働者自ら仕事を見つけなければならない。65歳、70歳を超えても働き続けたいと希望する高年齢者が増えるなか、転職は近い将来、シニアが雇用されて働く方法の主流になる可能性が高いのだ。

ただ現状ではシニア層の転職は難しく、労使双方が問題を抱えている。働き手の問題としては、前職での賃金などの処遇面や管理職ポストなど労働条件で妥協することができないという点。一方、雇用主の企業側の問題としては、自社への転職希望者が能力や実績のある人材であっても、年齢だけを理由に採用に尻込みするという点である。この背景には、日本企業ではいまだ、職務内容に適した人材を採用する「ジョブ型」雇用ではなく、人に仕事を合わせる年功序列型の「メンバーシップ型」雇用が多数派であるという事情もあるだろう。

狭き門を突破して定年前後で転職が実現しても、賃金は前職に比べて減るのが一般的だ。厚生労働省の令和2（2020）年「転職者実態調査」によると、転職者を対象に転職前後で賃金が増加した人の割合から減少した人の割合を引いたDI（Diffusion Index）は、50歳以上の年齢階級すべてでマイナスとなっているが、60〜64歳でマイナス46・6ポイント、65歳以上（最年長の年齢区分）でマイナス50・3ポイントと、年齢が上がるほどマイナス幅が大きかった。60〜64歳で賃金が減ったと答えた61・2％の内訳をみると、減少幅は「1割未満」が32・1％と最も多く、次いで「1割以上3割未満」（22・5％）、「3割以上」（6・5％）の順だった。また60〜64歳の転職後の雇用形態は「正社員」が37・8％、「正社員以外（契約社員、嘱託社員等）」が31・9％だった。

シニアで転職を目指すのであれば、少しでも早い時期からの準備が奏功することは言うまでもない。リクルートワークス研究所が19年に公表した調査「再雇用か、転職か、引退か――『定年後の働き方』を解析する――」によると、50代で転職を経験した現在（調査時点）60代を対象に、転職先の仕事満足度を尋ねたところ、「満足している」という回答は、

**図3　転職の時期別、現在の仕事の満足度**

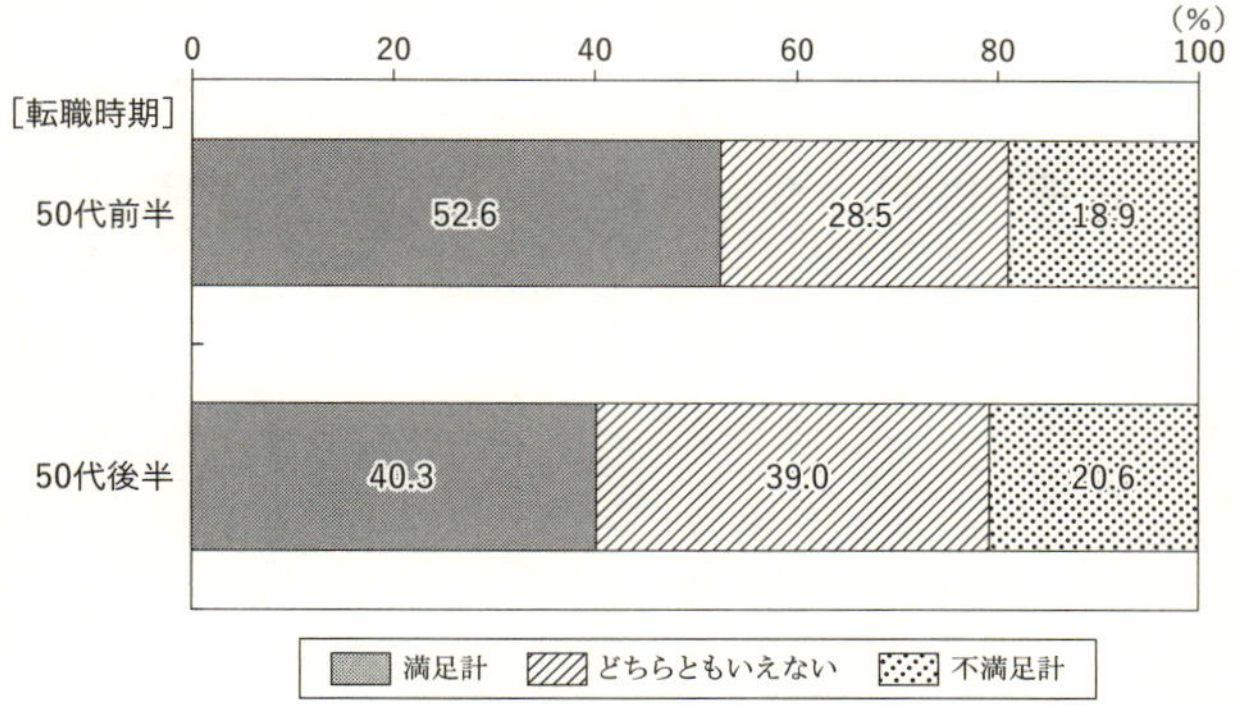


出所）「再雇用か、転職か、引退か ―『定年後の働き方』を解析する ―」（リクルートワークス研究所 2019）より

50代前半で転職した場合は52・6%で、50代後半で転職した場合（40・3%）よりも、12・3ポイント高かった（図3）。

一般的に60歳以降よりも50代、50代でも後半よりも前半のほうが、転職での市場価値が高いということになるだろう。

## 「チャレンジ精神」の裏に地道な努力

だが、その現実は、定年までカウントダウン段階に至ってもなお、より上位の管理職、さらには役員や子会社の社長などサラリーマンの出世の最高位ポストを獲得する夢を追い求め、または役職にかかわらず、日々の職務をこなすことに忙殺され、いつしか転職への備えを始める時機を逸していたというケースも少なくない。

最初に紹介した浜中さんの事例は前者に該当する。「阿吽の呼吸」で社内の上下関係を構築し、部署間の「根回し」など、旧来からの企業独特の文化を味方につけ、昇進を続けてきたものの、もはやそのような職場の風土が通用しない時代を迎えていることに気づいた、その時すでに遅し。パワハラの加害者として懲戒処分を受け、手に入る寸前だったポストを失い、急きょ定年直前、59歳で転職活動を始める。

「復讐」のための転職という動機が不適切であることはさることながら、社内でしか通用しない「ファーム・スペシフィック・スキル」頼りで、転職に向けてスキルアップを図る努力を怠るとともに、前職での経験を過信し、処遇面やポストなどの条件を下げることができなかったことも敗因だった。

これに対し、2番目に紹介した山里さんは、40代半ばで転職を目指して役職定年前に辞職することを決意し、そのためにも社内の仕事を怠ることなく、なおいっそう励み、48歳で部長に昇進。それと時を同じくして、自身のキャリアの「市場価値を知るため」、複数の転職エージェントに登録し、転職による第二のキャリア人生に向けて準備をスタートさせた。

目標としていた「ハイクラス転職」を見事成功させ、その秘訣について自ら「バイタリティとチャレンジ精神」を挙げたが、54歳で辞職してから、日本企業の米国現地法人の副社長ポストを獲得するまでの約８か月間は、決して平たんな道のりではなかった。その裏には、並々ならぬ苦労と努力があったのである。

そして、転職を決めた時点で、どの企業でも通用する「ポータブルスキル」の重要性を認識し、「足りない点は経験を積んで、新たなスキルを磨いて補っていく」と貪欲に、転職準備にいそしんだことは、55歳での転職を成し遂げた勝因だったと言える。

## 汎用性のある能力と高い専門性

シニア層の転職には特に、汎用性のあるポータブルスキルと、高い専門的能力を備えていると有利だ。ただ、言うは易し、行うは難し、である。成功事例から見てみたい。

最後に紹介した高村さんの場合は、長年の経理、財務畑で実績を積み上げて財務部長まで昇進した。40代半ばから社内での自らの職種の行く末を案じ、経理、財務のプロが役員などとして経営にも関われるよう、社内での職種への評価と地位向上を経営陣に進言してきたが、在職中にその目標は実現しなかった。

一念発起して税理士を目指し、四年数か月の猛勉強を経て、59歳で税理士試験に合格する。部長時はもとより、役職定年後に平社員となってからも、属人化[*4]による部員への負荷と生産性の低下を避けるために尽力するなど、日々の業務に精一杯取り組んだ。

経理、財務という専門的で汎用性の高い職種で長年経験を積んだ事務系スペシャリストは従来、シニアのホワイトカラーの中でも比較的求人があるほうだが、働き続けたいシニアが増えるなかで専門知識・スキルだけでは難しく、付加価値のついた、より高度な能力が求められるようになっている。

高村さんは、経理、財務に関するスキルに長《た》けていることはもとより、コミュニケーション能力に優れ、例えば属人化問題には現状に即したマニュアルを作成し、定期的にミーティングを主宰し、情報共有して理解を促すなど、職場の課題を見つけて解決に導くアイデアや企画力、実行力にも長けていた。そうした専門分野にポータブルスキルを兼ね備えた能力が、急成長を前提とし、高度な事務系スペシャリスト人材を求めていたスタートアップの需要とうまくマッチしてヘッドハンティングを受け、現在、ＣＦＯとして社業発展への貢献につながっているのではないだろうか。

転職による働き方も正社員か非正規社員か、フルタイムかパートタイムか、など幅広く、業種・職種や雇用形態などによって賃金は変動する。自身のスキル向上を図りつつ、希望する年収を下げたり、職種を転換したりすることで、選択肢は広がるだろう。

また、人手不足のなか、今後はサービスや医療・福祉、卸売・小売など、労働力の需給ギャップの大きい業界でシニアの採用が増えることが予測される。

転職がうまくいったケースであっても、シニアの転職では苦労がつきまとうことを、多数の当事者の方々への取材から痛感した。本章で紹介した成功事例からも明らかなように、それぞれの方法で前職に在職中から新たな知識を習得してスキルを磨くなど、転職のための努力を重ねていた。そして、共通していたのが、たゆまぬ努力と飽くなきチャレンジ精神を持ち合わせていたことだった。

＊１　業種や職種が変わっても、どの会社でも通用する職務遂行上のスキルを指す。例えばコミュニケーション能力や課題設定・計画立案能力、情報収集・分析力などが該当する。

＊２　パワハラ防止法に基づく「パワーハラスメント防止のための指針」（パワハラ防止指針）によると、

パワハラとは職場において行われる①優越的な関係を背景とした言動であって、②業務上必要かつ相当な範囲を超えたものにより、③労働者の就業環境が害されるもの――の3つの要素を満たすものと定義している。

＊3 岸田首相が掲げる「新しい資本主義」実現に向けた取り組みの一環として示されたもの。これを受け、日本経済団体連合会が提言・報告書「スタートアップ推進ビジョン」（22年3月）、経済同友会が提言「創業期を越えたスタートアップの飛躍的成長に向けて」（22年4月）をそれぞれ公表するなど、官民双方でスタートアップ創出促進に向けた機運が高まっている。

＊4 業務が特定の人のものとなり、その人しかわからない状態になってしまう状態を指す。経理、財務などの管理部門で問題点として指摘される傾向が強い。

# 第3章

# フリーに懸ける——雇われない働き方

## 縛られない自由な働き方への期待

長年、会社勤めをしてきたサラリーマンにとって、「雇われない」、すなわち事業者としての働き方は憧れでもある。

雇われない働き方にも複数あるが、会社を起業[*1]することは潤沢な資金や綿密な事業計画、斬新なアイデアなど、定年前後のシニアが目指すには難易度が高く、リスクもある。一方、個人事業主[*2]として企業と業務委託契約[*3]を結ぶなどしてフリーランス[*4]で仕事をするなら、自分でもできるかもしれない――。そんな「フリー」の働き方を目指すシニア世代が、少しずつではあるが増えている。

コロナ禍を契機にテレワーク・リモートワークが普及したことも影響し、定年前から副業・兼業によってフリーランスとしての地ならしをしやすくなった面もあるだろう。

また、持病の治療など自身の健康面や家族の介護など、齢《よわい》を重ねてライフスタイルが変化するなかで新たに生じる問題とも向き合いながら、会社員時代とは異なり、労働の時間や場所に縛られずに比較的自由に働くことができる方法として、フリーランスへの関心が高まりつつあるようだ。

２０２１年４月から事業主の努力義務となった70歳までの就業確保措置の手法のひとつに、業務委託契約を締結する制度の導入が盛り込まれたことで、それまで馴染みの薄かった企業にとっても、高年齢者の就業を確保する有効な手段として前向きに捉え直す動きが今後増えていくことも予測される。

本章では会社員から、55歳と60歳でフリーランスに挑戦したケースを中心に、起業を目指したケースも含め、試行錯誤の道のりを追いながら、少しでもスムーズに雇われない働き方へと転身するための秘訣に迫る。

## ［ケース１］〝リベンジ〟起業の落とし穴

「不純な動機で後悔し切れない……」

ＩＴエンジニアとして経験を積んで管理職も経験した山口浩次郎《やまぐちこうじろう》さん（仮名、58歳）は２０２３年の年の瀬、苦虫を噛み潰したような顔で、54歳で退職してから今日に至るまでの苦難の道のりについて、思いの丈をぶつけた。

「ＩＴエンジニアとして自信とプライドを持って、一生懸命に会社のために働いたキャリア人生でした。今思い返すと、中年期に差し掛かり、管理職か専門職か、キャリアパスで迷った頃に出世の誘惑に負けて、管理職を選んだのが間違いだったのかもしれない。でも、当時は今ほど、専門職のキャリアパスが出来上がっていませんでしたからね……。進学でも就職でも、必死に頑張った分、順調に歩むことができたと思っていましたが……それまでの頑張りの成果を受け取れるはずの、肝心の、終盤のキャリアでつまずくとは……。悔しくて悔しくて……」

山口さんは「一生懸命」「必死に」「頑張り」という言葉を繰り返した。それだけ、思い通りに進めなかった悔しさや怒りの念が強かったのかもしれない。

「一番のつまずき、は何だったとお考えですか？」

「………」

苦しい気持ちに拍車をかけてしまったのか。いつになく長い沈黙が訪れる。今回のインタビューはもうここまでか、そう思った矢先、彼がうつむき加減だった顔を上げ、誰に言うともなく、ささやくような声でこう言った。

「リベンジ……そんな不純な動機で、起業だなんて……大それたことを行おうとしたことでしょうか……。後悔してもしきれません」

プライドを抱いて突き進んできた自身のキャリア人生終盤において、山口さんはどうして、後悔の念に苛まれるような事態を招いてしまったのか。キャリアパスの選択に思い悩んだ20年近く前から遡って見てみたい。

## 思い悩んだ末、管理職を選んだ技術職

山口さんとは2005年、技術職の管理職か専門職か、キャリアパス選択をテーマに話を聞いたのが始まりだった。当時40歳で、所属する会社では開発部門の課長職に相当するプロジェクトマネージャーへの就任を上司から打診されたばかりの時期だった。

そのような事態に直面することを想定して、初取材の3か月前にアプローチしたわけではない。インタビューのわずか1週間ほど前になって、プロジェクトマネージャーのポストを提示されていることを知ったのだ。

新卒でメーカーに技術職で就職し、29歳で今のIT企業にヘッドハンティングされた。数

年前から、開発現場の最前線でプロジェクトの推進役となってシステムエンジニア（ＳＥ）やプログラマーたちを牽引する、プロジェクトリーダーを務めていたが、本人も今、この時点で、プロジェクト計画の立案から予算、スケジュール管理などのマネジメントが中心となる管理職を任されることになろうとは予測していなかったようだった。

「大きな開発プロジェクトが終盤の大詰め作業に入っている時でもあり、なぜこんな重要な時期に、この僕が……というのが、上司からマネージャーの打診を受けた時の正直な思いです。いや、そのー……うーん」

プロジェクトマネージャーを打診された時からの経緯と心情を語ろうとして、言葉に詰まる。淡々と説明しようと努めていたところに、内に秘めていた並々ならぬ思いが重なったようにも見えた。

「……すみません、いやそれよりも、実は……2、3年前から技術職の自分が管理職になるべきかどうか、思い悩んでいたんです。本音としては、ずっとITエンジニアとして、つまり専門職として極めていければと思いますが……うちの会社ではまだ専門職として活躍できる道は確立されていない。それなら、マネジメントが中心となって開発現場から距離ができるのは残念ですが、いずれ経営の意思決定にも関われるように管理職の道を選び、まずはプロジェクトマネージャーもいいかなと……」

この語りの段になって、山口さんはインタビューの直前にプロジェクトマネージャーを引き受ける決心をしていたことを知る。そして、それが彼にとって、いかに悩ましく、勇気のいる決断であったかということを。

### 管理能力発揮できず「自分は中途半端な人間」

逡巡《しゅんじゅん》の末、課長職に相当するプロジェクトマネージャー職に就いた山口さんだったが、管理職に求められるスキルのうち、顧客の業務内容や開発に使われている技術知識などのテクニカルスキルはお手のものだったが、スケジュールや予算、人材などを計画し、状況に応じて調整する管理能力、さらに顧客やプロジェクトに携わる部下とのコミュニケーションには、かなり手こずっていたようだった。

「SE出身で、もともと大勢のメンバーとプロジェクトを進めるという機会はそれほど多くなかった。もちろん、30代半ばでプロジェクトリーダーになってからは、SEやプログラマーたちを統率する役割は担っていましたが、管理職ではなく、あくまでも開発現場のプレーヤーとしてでしたからね。特にお金や人材に関わる部分は苦手で、僕の工夫ひとつでコスト削減ができることもあれば、逆にコストがかさんで上からお叱りを受けることもある。これまで経験したことのない大勢の部下を抱え、育成していく役目も、リーダーとマネージャーとでは格段に責任の重さが違います。管理職として社内での地位が上がったことはありがたく、やりがいがありますが……今は、正直、戸惑いのほうが大きいですね」

プロジェクトマネージャー就任から9か月が過ぎた頃のインタビューで、山口さんは複雑な心境を打ち明けた。

ただ、思い悩んだ末での管理職の選択だっただけに、就任してから数年は、苦手意識のある管理スキルを身につけようと、持ち前の粘り強さで職務に邁進《まいしん》していたことは間違いない。定期的に行っていた取材でも、「目の前の困難を苦労と思わず、貪欲に取り組むしかない」などと、常に前向きな姿勢を語っていた。

ところが、そんな仕事に対する姿勢は、プロジェクトマネージャー就任から5年が過ぎた2010年頃から徐々に変わり始める。当時、山口さんは45歳。同じく管理職の道を選んだ同年代の技術者が、勤める会社では部長職に相当するシニアマネージャーに昇進し、その一方で専門職に進んだ技術者が高度な設計や開発を担当して技術力を高めているのを目の当たりにしたことがきっかけのようだった。

「結局、僕は管理職として十分に能力を発揮できないまま昇進を逃し、時間だけが過ぎ、同期に先を越される始末で……かたや自分が選ばなかった専門職の同期は技術力を極めていて……。自分がとても中途半端な人間に思えてきて……どうにもやりきれないんです……」

そう弱々しく話し、肩を落とした。

## 異例のバックオフィス部門への異動

山口さんは管理職としての出世も、専門職としての高度な技術力も、周囲に誇示することができないまま、いずれでもない道を歩むことになる。

2014年、49歳の時に、自ら進んでバックオフィス部門への異動を願い出る。異動先は労務部で、役職は部次長だった。今の会社にヘッドハンティングによって転職してから20年、ずっと歩んできた開発畑を初めて離れたのだ。

IT企業の場合、開発部門とバックオフィス部門の役職を同列に比較することは難しい場合が多いが、山口さんの勤める会社では、労務部の部次長は課長職相当のプロジェクトマネージャーよりはひとつ上の役職。昇進したかたちになる。しかし、彼にはひとかたならぬ思いがあったのは言うまでもない。

労務部の部次長に就いて半年が過ぎた頃、そこに至るまでの葛藤を打ち明けた。

「開発部門で管理職として役立たずで、かといって、いったんマネジメントの道を選んだ者が専門職に戻るキャリアパスはうちの会社では前例がない。それ以前に……悔しいですが、専門職として開発の最前線に戻るには空白期間が長く、能力が追いつかないのは重々わかっていました。だから、その……つまり、異例のバックオフィス部門への異動を希望したんです。開発部門では課長より上への昇進は難しかったですが、社内で年齢的には部次長か部長クラスですからね。本当は昇進とは言えない。社内のエンジニアの連中には、きっと陰で馬鹿にされていますよ。まあ、頑張るしかないですね」

## 起業で「会社に復讐」

２０１９年、山口さんは役職定年を半年後に控えた54歳で会社を退職する。開発部門を離れてからこの5年の間に何度かインタビューを行っていたが、自身の進退については黙して語らず。このため、退職直後に珍しく彼からの連絡で面会取材をした時、知らされた選択にやや戸惑った。起業だったからだ。

日頃からあまり感情を表に出すほうではなかったが、この日はいつにもまして淡々とした表情、口調だった。だからこそ、この後口にする言葉に衝撃を受ける。と同時に違和感を抱いたのも確かだった。

「リ・ベ・ン・ジ……」

「えっ、今何と?」

「リベンジ、つまり会社に復讐するために、起業を選んだのです。僕は自分なりに会社で、精一杯頑張り、社業の発展にも少なからず貢献してきたと自負しています。苦渋の決断で専門職ではなく管理職の道へ進み、開発部門のマネジメントでは目立った実績を上げることはできませんでしたが……労務部に移ってからも労働環境や生産性の向上に努め、一定の成果も出していた。それなのに……労務部の部長を、入社年次が二期下の人事部の同じ役職だった部次長に奪われたんです。僕の働きは会社には全く評価されなかった……。無念でした」

部長に昇進できず、山口さんは人事部に部下のいない「部長待遇」ポストで異動した。16年のことだった。人事部にこのポストで移ったことは聞いていたが、その背景に「無念」の出来事があったことはこの時初めて知った。そして、〝リベンジ〟起業である。

「会社はどのような計画で興される予定ですか？」

彼の表情が少し明るくなったのが見て取れた。

「半年ほど前から準備を始めているんですが、営業と財務に長けた同年代の50代のデキる奴とタッグを組んで、ソフトウエア開発の会社を立ち上げる予定です。他の2人も組織しか知らない会社員。起業は素人ばかりですが……僕が先に辞職して、起業準備を本格化させています」

山口さんによると、共に起業する一人は新卒で入社したメーカーの同期で同い年、営業畑一筋に歩んできて数々の実績を上げてきたという。もう一人はこの元同期の大学の後輩で2歳年下、すでに税理士資格も取得している経理、財務のベテランだという。

「あっ、言い忘れていましたが、僕はまたエンジニアに戻ります」

「エンジニア」と口にして、彼の瞳が輝いた。

## 「いちエンジニアとして終えたい」

エンジニアに戻って会社を立ち上げると意気込んだ山口さんだったが、しかしながら、起業準備は難航した。

ソフトウエアの設計、展開からサポートまで、一連のプロセスを手掛けるソフトウエア開発のビジネスを展開する予定だったが、肝心の事業計画が思うように進まなかった。そこに拍車をかけたのが、営業と財務を担当する役員になるはずだった2人が、相次いで起業への参画を辞退したことだった。いずれも会社に勤務しながら起業準備に携わっていたが、経済的な問題などを理由に挙げたらしい。

2022年、二年数か月に及ぶ起業準備を白紙撤回せざるを得なくなる。経済的に大きな損失はなかったが、設備資金・運転資金調達のため、創業融資や補助金・助成金を求めて奔走した日々は無駄になってしまった。

そうした経緯を明かしてくれたのが、冒頭の23年の年末のインタビューだった。

19年に起業する動機として語った「リベンジ」を、起業が叶わなかった「不純な動機」という理由として挙げた山口さん。20年近く取材し続けてきた者として、長年の会社勤めから起業を思い立つまでに、彼にはさまざまな葛藤や苦悩があったことは痛いほどわかる。ただ、単なる「不純な動機」だけで起業がとん挫したようにも思えなかった。

「改めて、なぜ、起業を実現できなかったとお考えですか？」

つらい出来事の記憶をよみがえらせてしまうことは心苦しかったが、どうしても聞いておきたかった。返答に窮するかと思ったが、山口さんは沈黙することも、顔色を変えることもなく話し始めた。

「僕がエンジニアでありたかったのに、技術力を備えていなかった。これが本当の理由です。今の時代、新たな事業を始めるには相当の斬新なアイデアと、高いテクニカルスキルが不可欠です。それがあってこそ、綿密な事業計画づくりにつながる。でも、僕の技術力は……残念ながら廃《すた》れてしまっていたんです。それは管理職に進んだとか、バックオフィス部門に異動したことが理由ではなく、開発の現場を離れている間に努力を怠ったことが大きな原因です。それで……一緒に起業する予定だった他の２人は、面と向かっては言いませんでしたが、『これではダメだ』と考えたのでしょう」

山口さんは起業を断念してから１年以上、仕事に就いていない。24年秋に59歳になる。これからの仕事をどう考えているのか。

「できれば働きたいとは考えています。でも、自分に何かできるのか、また必要とされるどんな要素が残っているのか。現実を直視できないんです。ただ……やはりできることなら、『いちエンジニア』としてキャリア人生を終えたい。そう考えています」

山口さんのキャリア人生はまだ終わっていない。仕事を再開するその日まで、待ちたい。

## ［ケース2］　定年前から「副業フリーランス」

### 「フリーだからこそ」できること

次の事例は、最初に紹介した山口さんと同様に学卒後、技術職として入社し、ＩＴエンジニアを務めて管理職も経験した後藤勇樹《ごとうゆうき》さん（仮名）。50代半ばで辞職するまでは類似した道のりだったが、その後は個人事業主として複数の企業と業務委託契約を結んでフリーランスで活躍するなど、山口さんとは大きく異なるセカンドキャリアを築いている。

気温が乱高下した２０２３年晩秋のある日、取材場所の貸会議室に現れた後藤さん（60

歳）は、挨拶も早々に、妻が慌てて箪笥《たんす》から出してくれたという薄手のダウンジャケットを脱いでタオルハンカチで額の汗をぬぐい、こう早口でまくしたてた。

「いやあ、急に冷え込んだと思ったら、暖房の入った室内は暑いですね。改めて、小生、還暦を迎えました。あっ、はは……。会社に残っていたら、定年退職の歳。どうなっていたかと思うと……。目標期限ギリギリにはなりましたが、55歳で会社員生活を卒業し、フリーランスでいちエンジニアとしての第二のキャリア人生をスタートさせることができて、とてもラッキーだと思っています。はっ、はははは……」

中学・高校、大学と柔道部で鍛えた強靭《きようじん》な体と比例するかのような、豪快な笑い声。かつてと相変わらず、自ら「心臓に毛が生えている」と豪語するように、物おじせずに何事にも積極果敢に立ち向かっていく。しかし、そんな彼でも、決して順風満帆に事が運んだわけではない。キャリアの節目で思い悩む姿にも、たびたび触れてきた。

「やっと、エンジニアとして吹っ切れたような気がしているんです。年を取るほど、技術力はどうしても劣ってしまう。でもそんな状況の中でも、必要としてくれる人、組織がある。それも、フリーだからこそ実現できている。そんなこんなで、この5年の間で頭と体で会得して、より自信がついたというか……あっ、はは……。仕事をしていて、今が一番幸せかもしれませんね」

組織内での技術者からキャリアの終盤で同じく「いちエンジニア」を志向しながら、いまだ実現できていない先の事例の山口さんと、何が明暗を分けたのか。後藤さんへの今に至る約20年間の継続取材を振り返りながら、考えてみたい。

## 「エンジニアとしての成長」にこだわる

後藤さんとは、先に紹介した山口さんと同じく、技術職のキャリアパス選択について考えを聞いたのが最初だった。２００４年、41歳の時だった。プロジェクトリーダーとして数々の重要プロジェクトを成功に導いてきたが、同リーダーより上位の役職で、実質的に管理職の始まりとなる課長職を引き受けてから3か月ほど経った頃のインタビューだった（後藤さんの会社では開発部門も営業、管理部門などと共通した役職名を採用していた）。

開口一番、専門職ではなく、管理職のキャリアパスを選んだ理由をはっきりとした口調でこう言い切った。

「いちエンジニアとして、もっと成長したいからです」――。

一見、マネジメントがメインとなる課長昇進を選択したわけとしては、180度異なるようでもある。当時の取材者としての戸惑いが、経年劣化で汚れてヨレヨレになった取材ノートに大きく赤字で記された「?」からも読み取れる。

「すみません。どういうことでしょうか？　もう少し詳しく教えていただけますか？」

「はっ、はは……。こちらこそ、すみません。自分のなかでは辻褄《つじつま》が合っているんですが、第三者が聞いたら、わかりにくいですよね。つまり、SEやプログラマーらを指導・育成しながらプロジェクトを取りまとめ、顧客ニーズを的確に把握してプロジェクトを引っ張っていく。そんなマネジメント業務をこなすなかで、エンジニアとしての技術もさらに磨けると考えたんです。個人の世界に陥りがちな専門職ではできないことじゃないかと。プロジェクトを俯瞰《ふかん》して見ることができるというのかな……。うーん、うまく言えないけど、いいんですよ。あっ、ははは……。だから、精一杯、今も取り組んでいるところです」

そう一気に話すと、夏真っ盛りで冷房がキンキンに効いた取材場所の喫茶店で、額に光る汗をふき、アイスコーヒーをストローを使わず、直接グラスに口をつけて飲み干した。

そして、しばし天を仰いだかと思うと、明るく豊かな表情から一転、神妙な面持ちでこう言葉を継いだ。

「まあ……正直、この選択が正解かどうかはわからないですよ。でも、先々のキャリアを見据えると……そのー、これがベスト、なんじゃないか……なんか、懸けてみたいと思ったんです」

堂々とした態度、物言いの一方で、後藤さんの葛藤を垣間見た気がした。

将来のキャリアをどう考えているのか。尋ねたのだが、答えをはぐらかされてしまう。どの程度、計画を練っていたのかはわからない。だが、この一年後に出会う山口さんが「いずれ経営の意思決定にも関われるように」管理職の道を選んだのとは異なり、後藤さんはあくまでも「エンジニアとしての成長」にこだわっていたことだけは確かだと思う。

## フリーで独立のために付加価値を

後藤さんは宣言した通り、開発部門の課長としてプロジェクトを統率しつつ、最新のテクニカルスキルを磨いていった。定期的に会って話を聞くなかでも、次々と新たな技術を目の当たりにする衝撃と感動を目を輝かせながら説明してくれたのが印象に残っている。

もちろん、ただ心動かされているだけではない。「彼らが僕の先生です」と言う部下にあたるSEやプログラマーと日々接するなかで、自らのスキルをアップデートしていったのだ。

そして開発部門の部長代理の役職に就いていた２００９年、46歳の時、「まだ明確な青写真は描けていないですけど」と前置きしたうえで、エンジニアとしてのセカンドキャリアの構想について、初めて話してくれた。

「部長まで昇進しておいたほうが有利だと思いますので、部長職の役職定年の55歳までに会社を辞め、独立したいと考えています。おっ、とと……独立といってもリスクの大きい起業ではないですからね。フリーランスで、ということです」

「ＩＴエンジニアとしてフリーで、ということですね？」

「ええ、まあ、その……」

歯切れの悪い、その意味を推しはかりかねた。だが、すぐに笑みを浮かべた表情から、自信を持っている明日のキャリア計画を打ち明けるのを、もったいぶっているのではないかと思った。

「ああー、すみません……少し驚かせてしまいましたかね。フリーでＩＴエンジニアを目指すことに変わりありませんが、新たな技能を身につけるためのリスキリングに努めたうえで、そこに付加価値をつけないといけないと思っていましてね。それで……ＩＴコンサルタントになるための勉強をして資格を取ろうと計画しています。ＩＴシステムを駆使して、顧客となる企業の経営課題を解決するＩＴコンサルタントの技能を身につけていれば、フリーのエンジニアとしての価値も上がるし、活躍の機会も広がるんじゃないかと考えたんです」

その言葉・概念が社会に浸透するかなり前の時点で、後藤さんはリスキリングに注目していたのだ。ただエンジニアとしてもコンサルタントとしても、「ただ技術を身につけただけでは、フリーランスとして独立した時に有利に働くとは限らない」と敢えて厳しく見ることも怠らない。フリーになった際により効果的となる手段として何を考えているのかについては、明言を避けた。態度とは裏腹の慎重で繊細な性格、そして迷いもあったことだろう。それが明らかになるのは、この3年後のことだ。

## 実績づくりを副業で

第二のキャリア人生で個人事業主として独立するためのより効果的な準備手段として、熟慮を重ねて編み出した方法が、会社に在職中から副業として始めることだった。

２０１２年、49歳の時、開発部門の部長に昇進してから数か月過ぎた頃のインタビューで、後藤さんは半年から1年後をメドに、「副業フリーランス」でITコンサルタント業務も行うITエンジニアとして、スタートを切る予定であると明かしてくれた。

「管理職業務をこなしながら勉強して資格を取るのは大変でしたが、クライアント企業の経営課題まで解決するITコンサルタントの技能、つまりITエンジニアに付加価値をつけたからといって、それだけで独立するまでただ待っていても第二のキャリア人生には生かせない。実践、さらには一定の成果を上げた実績が必要だと考えたんですよ。そもそも部長まで頑張って昇進したのは、その経験もフリーになった時に役立てたいと思ったから。だから、部長在職中に副業で独立までの地固めをするしかないと。うーん、ここまでは、自信を持ってお伝えできる計画です。ただ、あのー……」

「何か、計画に障害でもあるのですか？」

「いやー、それがね。うちの会社では社員が、副業を行った前例がないんですよ。もちろん就業規則にも副業を許可する項目はないですし……。同じ業種だし、業務の発注元がうちの会社のクライアントとバッティングする可能性もあるわけじゃないですか。あるいは、ライバル会社から仕事を請け負うこともあるかもしれない。だから、2、3年前から上司にあたる開発部門の事業本部長と人事部長とで、僕の副業を容認するかどうか、協議中で……」

斬新で大胆な計画の実行を、古くからの慣例が邪魔をする。後藤さんが、数々の葛藤や障害と真摯《しんし》に向き合い、乗り切ってきたことがわかる。

## 異色の部長フリーランサー

結局、定年後の継続雇用に頭を悩ませる経営陣が重い腰を上げ、定年前後のシニア社員が社外で仕事ができる可能性を広げるためにも、副業が認められることになった。そうして、2013年、計画通り、50歳の時から部長職を務めながら副業として、関連会社と短期のプロジェクトごとに業務委託契約を結んでフリーランスで仕事を開始するのだ。

副業をスタートさせてから8か月ほど過ぎた頃のインタビューでは、副業フリーランスの難しさとやりがいについて、時には眉間にシワを寄せ、また時には満面に笑みを浮かべて語った。

「副業自体も珍しかったですが、それ以上に開発部門の部長職に就きながら、個人で外部の仕事を請け負うということがかなり異色だったようで……。クライアントにためらわれたこともありましたが、それは仕事を実践してみせて、その業務のアウトプットを評価してもらうことでクリアしてきました。それに、実際にやってみて、思っていた以上にこの業界は業務委託契約でフリーランスのエンジニア、コンサルタントへの発注が進んでいるのだということがわかった。この先、フリーでの本格始動に大いに生かせると思っています。まあ、関連会社からの請け負いといっても揚げ足はとられやすくはなるので……当然ながら、会社の仕事は副業を始める前よりもなおいっそう、頑張っていますけれどね。あっ、はは……」

## 全身全霊を傾けた経験を糧に

２０１８年、打診された役職延長を固辞して退職。開業届を出し、晴れて個人事業主として複数の会社と業務委託契約を結び、フリーランスで仕事を始めたのだ。

そして、フリーとしてセカンドキャリアをスタートさせてからの5年間を振り返った冒頭の23年晩秋のインタビューでの発言へとつながる。

24年春、改めて技術職として管理職の道を歩み、副業を経て、55歳で独立してフリーになるまでの道程を振り返ってもらった。

「退職後にフリーランスとして仕事を始めてからは大変と言えば大変ですが……よくよく考

えてみると、まず40代半ばでこの道を歩むと決めてから50歳の時に副業でフリーの仕事を始めるまでが、リスキリングも含めて、最も努力と工夫を重ねたかもしれませんね。会社員として残れるところまで、一方でフリーで始めるのに手遅れにならないギリギリのところまで、何とか会社の仕事も副業も精一杯こなしました。全身全霊を傾けて頑張った経験を糧《かて》に、フリーとして充実した仕事ができているのではないかと思っています。何度も言いますけれど、今、いちエンジニアとして仕事ができていることに、感謝していますよ。はっ、ははは……」

仕事への感謝の念を語る後藤さんの顔には、さまざまな困難を乗り越えてきたエンジニアの年輪が刻まれてた。

## ［ケース3］「ジョブ型」が道開く

### 会社よりも仕事にマッチした人材が有効

最後の事例は、欧米でスタンダードになっている、企業が求める職務内容（ジョブ）に対して必要とする能力や経験のある人材を雇用する「ジョブ型」[*5]人事が重要なカギを握る。役職定年後の50代後半をジョブ型雇用のシニア社員として働き、さらに定年退職後は定年まで勤めた会社と業務委託契約を結んで第二のキャリア人生をスタートさせたケースだ。

日本企業では、大半が職務や勤務地を限定することなく、新卒で正社員を一括採用し、長期にわたって雇用する「メンバーシップ型」の雇用制度を採用しているのは周知の通りだ。

２０１０年、この「ジョブ型」と「メンバーシップ型」の雇用制度について、自ら「一家言ある」と、インタビューを快く受けてくれたのが、ＩＴエンジニアで当時47歳の野上良《のがみりよう》平《へい》さん（仮名）。本章で先に紹介した2つの事例がいずれも管理職を選んだのと異なり、彼はこの3年前、44歳の時に管理職昇進への打診を断り、専門職の道に進んでいた。

2010年時点の「一家言」がその後10年余りを経た今日《こんにち》、日本企業におけるシニア世代の主要な雇用・人事のひとつになる可能性が高くなるとは、筆者自身、当時は十分には認識していなかった。それだけに、野上さんの主張が新鮮であったことが、通常の手書き文字よりも大きく、所々に赤ペンで下線を引いている取材ノートからも読み取れる。

「欧米式のジョブ型は、日本の雇用制度にはそぐわないという考え方は、根本的に大きく間違っていますね。これからはジョブ型の時代。特にわれわれITエンジニアなどの技術職、専門職が会社という組織で生き残っていくには、不可欠だと考えていますよ。それに……近い将来、60歳の定年後も長く働き続ける時代が来ますよね。そこでも、会社にマッチする日本型よりも、仕事内容にマッチするジョブ型は、とても有効に作用すると思いますね」

語りの一文ごとの語尾に「ね」や「よ」をつけるのがクセ。語尾に合わせて目を見開くため、その都度ややずり落ちる銀縁メガネの中央を右手の中指でグイッと押し上げるしぐさが印象的だった。独学で日本と欧米の雇用制度の違いを学んで理解し、定年後までを見据えた議論の展開に、初取材時から圧倒されたのを思い出す。

この「ジョブ型」への関心の高さがいずれ、野上さん自身のキャリアに好影響を与えることになるのである。

## 専門職には「ジョブ型」が欠かせない

常に努力を惜しまず果敢に技術進化に対応し、所属するプロジェクトを次々と成功に導いていた野上さんだったが、勤務する会社ではより高度な技能を身につけた上席のＩＴエンジニアの名称である「ＩＴスペシャリスト」としての経験を重ねて自信と誇りを増す一方で、会社の専門職に対する評価には日に日に不満を募らせていた。

２０１６年、53歳の時のインタビューでこう溢れんばかりの思いを吐き出した。

「ＩＴ企業の最前線で私たちエンジニアは日夜、長時間労働にも耐えながら頑張っているんですよ。それなのに……開発部門でも管理職のほうが社内では重宝されていて、評価も高い。上位の管理職になれば経営の意思決定にも関わるという意味からも重要であることに異論はありませんけどね。しかしながら、ＩＴスペシャリストをはじめ、専門職こそ、社業の発展にとって欠かせない重要な人材です。そうした認識が管理職はもとより、肝心の経営陣に不足しているのが大きな問題なんですよ」

野上さんによると、専門学校を卒業後、入社した四半世紀前に比べると、エンジニアの専門職へのキャリアパス、さらに社内でのポジションは確立されてきているという。怒りの矛先は、専門職に進んだ技術者だけでなく、エンジニア全体に対する上席や経営陣の評価の低さにあるように思われた。

そうして、ここでさらに強調したのが、「ジョブ型」雇用制度だった。

「専門職としての経験を重ねるにつれ、ジョブ型制度の導入が必要だという考えが強まってきたんですよね。数年前から上席や経営陣には進言しているんですけどね。反応は思わしくありません。ジョブ・ディスクリプションによって厳密に職務内容や勤務地、勤務時間などが決められるため、転勤や配置転換、プロジェクトの進度に応じて柔軟に仕事を追加するなどが難しくなるとか、デメリットばかりを強調するんですよね。挙句には、チームワークを醸成しにくいとか……。そもそもＩＴはチームワークなくしては成立しないわけで、論外ですよね。全く理解していないんですよ。エンジニアにとっては、労働環境を改善するためにもジョブ型導入は欠かせない。根気強く訴え続けるつもりですよ」

そう語ると、野上さんはうつむき加減でメガネの中央を指で押し上げ、普段はほとんど見せることのない沈んだ表情を垣間見せた。

## 58歳、ジョブ型社員で「再出発」

そうして2021年4月、ようやく勤める会社でジョブ型人事制度が、管理職か専門職かにかかわらず、技術職全員を対象に導入され、野上さんは58歳でジョブ型雇用によるＩＴスペシャリストとなった。学卒後、または転職により同年度以降に技術職で採用された社員はすべてジョブ型。20年度以前に入社した技術職社員については選択制となった。人事部に尋ねたところ、技術職の8割強、年齢区分では20代～40代まではほぼ全員がジョブ型を選んだという。

無論、野上さんがジョブ型のメリットを十分に調べ上げ、労働者側だけでなく、会社側にとっても生産性向上や人件費抑制などによる収益増を強く訴えたことは一定の効果があったことは確かだ。ただ、20年に大手ＩＴ、情報通信などがジョブ型雇用を導入したことを契機に、大手企業を中心に取り入れる企業が増え始めたことが、経営陣のジョブ型導入の決断に少なからず影響を及ぼしたこともあるだろう。

そのように、筆者が頭の中で思い描いたことを瞬時に見透かしたかのように、野上さんは勤務する会社でのジョブ型導入の背景について、こう説明した。

「内圧より、外圧が決定打となって経営陣が動いたんですよね。ジョブ型で成功している欧米事例や、日本のＩＴ企業で取り入れることのメリットをわかりやすく資料にまとめ、人事部長を抱き込んで味方につけ、一緒に経営陣に何度も説明したことが、少しでも影響しているといいんですけどね。まあ、結果良ければすべて良し、ということで……。ＩＴスペシャリストとして、58歳のジョブ型での再出発になりましたが、後進にも道が開けるよう、精一杯頑張るつもりですよ。ただ……私自身、定年退職まであと2年弱とあまり時間がないので、雇用される労働者としては、あまりジョブ型のメリットを享受できないのがとても残念ではありますけれどね。でもね、そのー……。あっ、いや……」

通常はしっかりと考えを整理してからインタビューに答えるタイプの人で、それまで言いよどんだことはほとんどなかったと記憶している。現状に甘んじることなく、近い将来について真剣に、より具体的に計画を練っていることが何かほかにあるに違いないと直感した。そうなると、最初の取材でも彼が話していた定年後の働き方、ということになる。だが、尋ねた質問には「さあ、どうでしょうかね……」とお茶を濁されてしまった。

## フリーでＩＴのプロの技能を生かす

２０２３年４月、60歳で定年退職を迎えた野上さんは、人事部から勧められた嘱託社員としての再雇用ではなく、フリーランスのＩＴスペシャリストとして業務委託契約を結び、個人事業主としての仕事をスタートさせた。

フリーの道を選んだ背景には、ジョブ型雇用制度の導入に尽力し、２年弱ながら自らもジョブ型で働いた経験が大きかったようだ。フリーで働き始めて数か月過ぎた頃のインタビューで、こう語った。

「ジョブ型を導入し始めた企業でこそ、フリーランスでＩＴのプロフェッショナルとして、技能と経験を存分に生かして働けることに気づいたんですよ」

こう聞いて、当時はすぐにジョブ型とフリーランスが結びつかなかった。そして今に至る調査・取材のプロセスで、企業のジョブ型の普及が、フリーランスとしての働き方も広げることにつながり、定年後ではなおのこと重要な要素になる可能性が高いことを痛感している。それを気づかせてくれた最初の事例が、野上さんだったのだ。

さらにこう説明してくれた。

「ジョブ型が仕事内容に合った制度で、私たちエンジニアの労働環境を改善させるとともに、地位向上や評価を高めることに役立つことは以前からもお話ししてきましたよね。当時は、雇用される労働者側の視点が中心でした。でも、自分が定年を迎える段になって、これは定年後、雇用されずにフリーの事業者として働いていくうえでもうまく応用できると考えたんですよ。もちろん前例はなかったですし、初めて話を持ち掛けた時には人事部も開発部門の部長も顔をしかめましたけどね。でも、協力会社というかたちで下請けに出していた仕事も、社内の勝手もわかっている元社員のフリーランスなら、より柔軟に発注できますよね。そうしたメリットを、実践しながら少しずつわかってくれたんじゃないかと思いますよ」

## 「スキルを磨く努力を怠らない」

現在、野上さんは定年まで勤めた会社から途絶えることなく仕事を請け負い、ITスペシャリストとしてフリーランスで働いている。さらにこのほかにも、他の数社から不定期に仕事を受注するなど、定年前にも増して忙しく働く日々を送っている。

2024年春、ジョブ型の重要性を初めて語った時からの十数年を振り返るとともに、ジョブ型の普及によるシニア人材のフリーランスでの活躍の可能性をこう予測した。

「エンジニアは、ジョブ型にも、フリーで仕事をするにも、適したプロフェッショナルだと思います。社員の時代のジョブ型雇用制度の導入や、定年後のフリーランスでの仕事の受注も、前例がないなか、何とか踏ん張って実現できて、とてもラッキーですよ。それと実は、1年ほど前から一人暮らしの母親の介護を通いでするようになったので、介護と仕事を両立するうえでも、フリーの働き方は適していますね。何歳まで続けられるかはわかりませんが、スキルを磨く努力を怠らず、技術革新にも堂々と対応できる精神力を持てる間は頑張るつもりです。それと、これからはジョブ型がいろんな業種、職種に広がり、フリーランスのシニアの需要拡大を後押ししていくことになると思いますよ。そう企業もしていかないと、人手不足や生産性向上の観点からも立ち行かなくなるんじゃないでしょうかね」

「フリーランスでシニア人材が活躍していくために、改めて何が必要だと考えますか？」

「やはり職種を問わず、自分自身の職業スキルを高めていくことでしょうね。そのためには、企業側や公的機関によるリスキリングへの支援を充実させていくべきだと思いますよ」

数か月後に62歳の誕生日を迎える。まるで舞台メイク用のドーランを塗ったかのようなハリツヤのある顔と、生き生きとした表情。日々の仕事で抱く充実感が背景にあるように思えた。

## フリーランスへの期待と「偽装」問題

### フリーの5割が50〜74歳

企業などと業務委託契約を結んで仕事を受注するフリーランスは、自らの健康面や家族の介護など、現役世代とは異なるシニア世代特有のライフスタイルに柔軟に対応し得る働き方と言える。

2018年に厚生労働省が「副業・兼業の促進に関するガイドライン」を策定したのをきっかけに副業を解禁する企業が増え、またコロナ禍を契機とするテレワーク・リモートワークが浸透するなか、事例でも紹介したように、定年後に備えて現役時代から「副業フリーランス」として仕事を行うケースも増え始めている。

内閣官房日本経済再生総合事務局の「フリーランス実態調査結果」（20年調査）によると、

**図４　フリーランスの年齢構成**

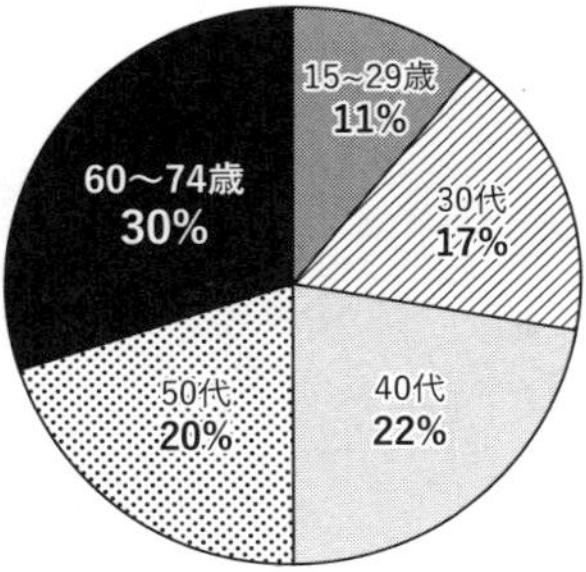


出所）内閣官房 日本経済再生総合事務局「フリーランス実態調査結果」(2020) より

フリーランスで働く人たちは４６２万人（全就業者数の7%）で、「50歳以上60歳未満」（20%）と「60歳〜74歳」（30%）を合わせると5割に上り（図4）、すでにシニア世代の主要な働き方のひとつとなっていることがわかる。このうち本業が２１４万人、副業が２４８万人。主たる生計者が本業として行うフリーランスの年収[*6]は「２００万円以上３００万円未満」が19%と最も多かった（図5、次ページ。次いで「１００万円以上２００万円未満」「３００万円以上４００万円未満」「１００万円未満」いずれも16%）。働き方、労働への時間の使い方などにもよるが、最多だった「２００万円以上３００万円未満」を、第1章で紹介したフルタイムで働く定年後再雇用者の平均年収と比べると、おおまかに１００万円程度低い。

**図5　フリーランスの年収（本業かつ主たる生計者）**

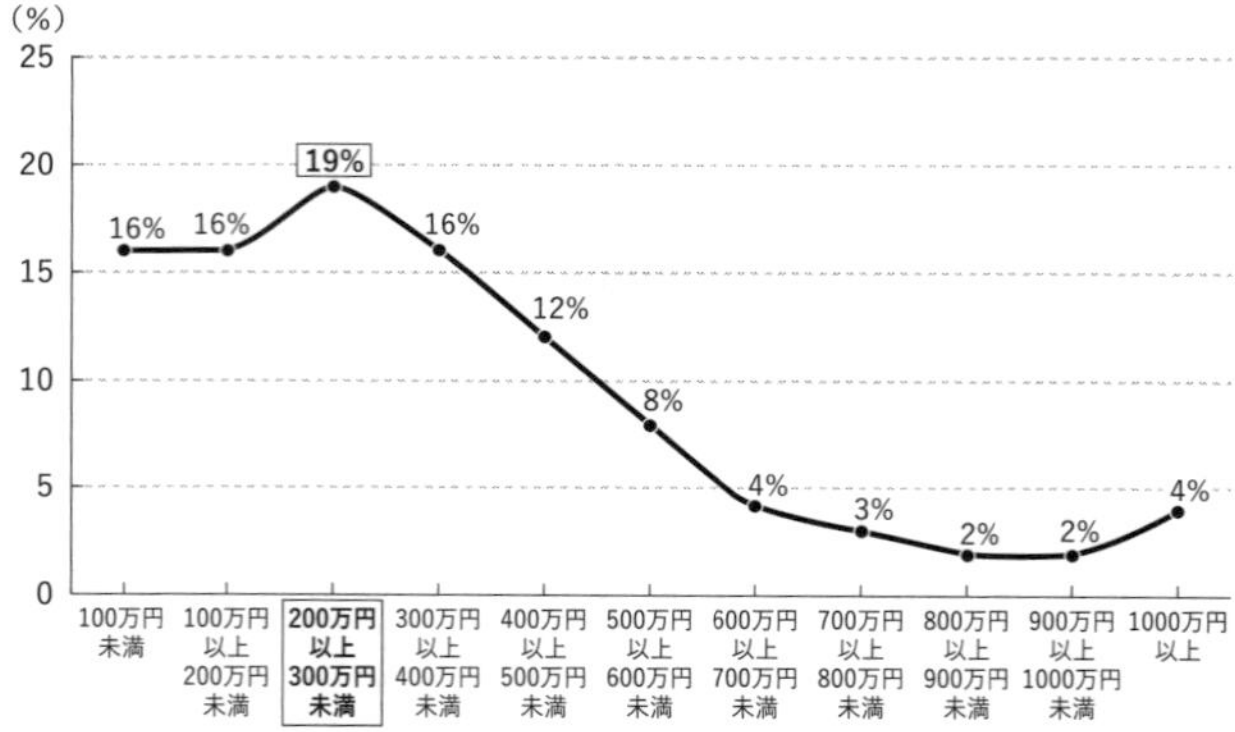


出所）内閣官房 日本経済再生総合事務局「フリーランス実態調査結果」（2020）より

政府も成長戦略の柱のひとつとして、フリーランスの拡大を掲げている。20年7月に閣議決定した「成長戦略実行計画」では、人生100年時代を迎え、ポスト・コロナ時代の働き方としても、副業・兼業とともに、「フリーランスなどの多様な働き方への期待が高い」と明記した。

## 技術力向上の努力をできるか

会社員時代に培った経験を生かして定年前後にフリーランスに転身するには、技術職や芸術・メディア系（デザイナー、ライターなど）の専門職が現時点では親和性が高いように見えるが、今後はさらに業種、職種が広がっていく可能性が高いと考えられる。それを前提に、本章では各ケースを比較検討しやすいよう、ＩＴエンジニアの事例を取り上げた。

最初に紹介した山口さんと、２番目に紹介した後藤さんは、いずれもＩＴエンジニアとしてキャリアをスタートさせ、管理職か専門職かのキャリアパス選択で管理職を選んだ。そして、ともに「いちエンジニア」として第二のキャリア人生を歩みたいと考えながら、２人の成否を分けたのは、ほぼ同年齢で管理職の道を選んでから、同様に50代半ばで会社を辞職するまでの間に、日進月歩で技術革新が進むＩＴ業界において、いかにリスキリングによって自らに足りない知識や技術力を補い、さらに付加価値をつけるなどの努力を惜しまずできたかどうかだった。

山口さんは自身を評価せずに昇進させてくれなかった会社への「リベンジ」として、54歳で退職するわずか半年前に営業と財務に長けた仲間と３人で起業を計画し始めたが、結局はとん挫してしまう。その段になってようやく、会社を興そうと考えた動機が不適切であったことを認めたうえで、自分が「技術力を備えていなかった」ことが起業に失敗した真の理由であると明かした。

一方、後藤さんは40代半ばの時点ですでに、フリーランスとしてのセカンドキャリアを計画し、管理職の重責をしっかりとこなしながら、自らのエンジニアとしてのスキルを磨きつつ、付加価値をつけるためにＩＴコンサルタントの資格を取得した。当初、副業解禁に難色を示した経営陣を説得して動かし、部長昇進から1年後、経験値を高めるためにも50歳の時に副業でフリーランスとしての仕事を開始。55歳で退職し、晴れて個人事業主として複数の企業から仕事を請け負ってフリーでのスタートを切った。会社の仕事も副業も精一杯こなし、「全身全霊を傾けて頑張った経験を糧に、フリーとなって充実した仕事ができている」と言う。

## 「ジョブ型」「キャリア自律」が後押し

最後に紹介した野上さんは、これから導入拡大が期待される「ジョブ型」雇用のメリットを最大限活用し、定年後、フリーランスのＩＴスペシャリストの仕事に生かしたケースだ。

40代半ばで管理職昇進への打診を固辞し、専門職のキャリアパスを選択した野上さんは、職務内容にマッチした人材を採用して有効活用していく「ジョブ型」雇用が、技術職の労働環境改善や人事評価に奏功するとして、その重要性を早くから認識して人事部や開発部門の部長に訴え続けた。ＩＴ大手などでの導入も影響し、技術職対象に導入されることになり、

58歳でジョブ型雇用となった。そして、必要なスキルや経験を含む職務内容を明確にしたジョブ型の働き方が、定年退職後に裁量のある働き方をするうえでも生かされた。ジョブ型の導入が定年後のフリーランスとしての活動を後押ししたかたちとなったのだ。自らの経験を踏まえ、シニア人材がフリーとして活躍するために、職業スキル向上の必要性を指摘した。

政府は23年6月に閣議決定した「経済財政運営と改革の基本方針」（骨太方針）で示した三位一体の労働市場改革のひとつに「個々の企業の実態に応じた職務給の導入」を掲げた。職務給[*7]はジョブ型雇用の賃金制度である。

また、日本経済団体連合会（経団連）も、「２０２３年版経営労働政策特別委員会報告」のなかで、ジョブ型雇用について、職務の遂行に必要な能力やスキル、処遇などを明確にすることで、「働き手が自身の能力開発・スキルアップの目標を立てやすくなり、主体的なキャリア形成、エンゲージメント向上につながる」と指摘した。

ジョブ型をうまく機能させるカギを握るのが、「キャリア自律」であると筆者は考えている。キャリア自律とは、労働者が自らのキャリアと向き合い、環境の変化に対応しながら主体的、かつ継続的に学習、スキルアップやキャリア開発に取り組むことを指す。ジョブ型雇用で職務記述書に合わせてやりたい仕事に就くため、それぞれが研鑽《けんさん》を積めば、企業全体の人材力も高まるからだ。

## 安心して働ける環境整備を

一方で、フリーランスで働くということは、年齢にかかわらず、現状ではセーフティネットの脆弱性を心得ておく必要がある。

政府も「成長戦略実行計画」や「骨太方針」でフリーランスの保護や安心して働ける環境整備についてたびたび言及しており、23年4月には、フリーランスの人を不利な取引から守るため、「特定受託事業者に係る取引の適正化等に関する法律[*8]」が成立し、同5月公布された。業務を委託する企業が仕事内容と報酬額を、書面やメールで明示することなどを義務づけている。公正取引委員会は1か月以上の取引契約を対象に業務の発注者側を規制する方針で、成果物などの受け取り拒否や買いたたき、契約で定めた報酬の減額などを原則として禁じ、立場の弱い個人の受託事業者の保護を目指す。

無論、仕事を失っても、会社に雇用されている社員のように失業給付が出ることもない。そのほか、労災保険による休業補償給付や健康保険による傷病手当金が支給されないなど、労働基準法などで保護される「労働者」と扱われないため、社員とはさまざまな違いがある。社会保障が手薄な一方で、保険料の負担は増える。フリーランスが入る国民健康保険の保険料は全額自己負担で、配偶者にも発生する。

さらに、近年は「偽装フリーランス」問題も次々と明るみになっている。契約上はフリーランスの事業者にもかかわらず、勤務時間や仕事の進め方など細かな指示通りに働くことを強いられるといった、実態は労働者と変わらない状態に陥っていることを指す。

23年10月には、東京都内の会社と業務委託契約を結ぶ40歳のフリーのカメラマンの男性が通勤中に遭った交通事故について、品川労働基準監督署が労災と認定した。男性は繁忙期には同社からの仕事だけで月200時間働くこともあり、撮影の時間や場所などさまざまな面で発注者の意向に拘束されていた。品川労基署はこうした働き方の実態を踏まえ、男性にはフリーランスとしての裁量がなく、会社から細かな指揮命令を受ける「労働者」と判断し、労災認定したとみられる。

シニア人材の働き方として需要拡大が期待されるフリーランスだが、安心して働ける環境整備が早急に求められている。

＊1　独立して会社を設立する意。紹介事例に合わせ、ここでは法人化した会社を興して従業員を雇って事業を展開する起業を指している。

＊2　個人で事業等を営んでいる人を指し、税務署に開業届を提出することで個人事業主となる。自営業者の中に含まれる。自営業者と同様に従業員を雇用する場合もあるが、本書ではフリーランスとほぼ同義の雇われない働き方として取り扱う。

＊3　企業など組織が内部で行っている業務の一部を、個人や外部の企業に委託する場合に結ぶ契約形態。受託者は対等な立場で委託された業務を行い、業務に対する成果を提供する。

＊4　通常、フリーランスとは、案件ごとに仕事を請け負うなどして自身で事業等を営んでいる人、または働き方を指す。自営業が飲食店などの実店舗を持つ人、またはその事業等を指すのに対し、内閣官房の定義ではフリーランスを「実店舗を持たない」「従業員を雇用していない」としている。

＊5　職務内容に適した人材を採用する制度。基本的に、職種・職務名・役職、職務内容・業務範囲、期待する目標・ミッション、必要なスキル・経験・資格、雇用形態・勤務地・勤務時間、報酬・待遇が記載された「ジョブ・ディスクリプション（職務記述書）」を用意したうえで採用する。２０２０年頃以降、大手企業を中心に日本でもジョブ型の雇用制度を取り入れる企業が増え始めている。

＊6　ここで示されている年収は、収入から必要な経費等を差し引いた所得の額で、社会保険料及び税を差し引く前の額。フリーランスは経費率が高く、委託された業務の遂行にかかる経費は職種によって変動はあるものの、3～5割程度ともいわれる。

＊7　社員の年齢や勤続年数に関係なく、従事する仕事の内容や実績の職務評価をもとに給与を決定する制

度。

＊8　「フリーランス保護新法」ともいう。個人フリーランスを特定受託事業者と定義。24年11月までに施行が予定されている。このほか、企業に発注した仕事の成果物を受け取ってから60日以内に報酬を支払うことなどを求めている。

# 第4章

# 「人のため」をやりがいに――稼がない働き方

## 確固たる目的や意欲があるか

定年退職し、長年勤めた会社の名刺・肩書をなくした男性は、地域に馴染みにくく、ボランティアなど新たな活動にも挑戦しにくいと指摘されて久しい。

しかしながら、定年後も働くことが当たり前になりつつある今、経済面で就労が必要なケースを除き、ボランティアやＮＰＯ法人職員などとして積極的に社会貢献活動に携わるシニアが徐々に増え始めている。

「人のため」をやりがいに――。定年前までもそう、心のどこかで志しながらも、目の前の昇進、社会的評価や、家族を養う義務感などに駆られ、働く主たるモチベーションにできなかったという人も少なくないようだ。

筆者は多数の継続取材事例をもとに、定年を境に、出世や報酬、周囲からの評価などの外部からの働きかけによる外発的に動機づけられた労働から、仕事に見出す価値、達成感などの内部から沸き起こる内発的に動機づけられた労働へと、働く意味や価値観の転換が起こる傾向が強いと分析している。内発的動機づけによる活動の最たるものが、社会貢献であるとも言えるだろう。

CSR[*1]（企業の社会的責任）への関心の高まりや、70歳までの高年齢者の就業確保措置（努力義務）の中に、事業主が自ら実施する社会貢献事業、または事業主が委託、出資する団体が行う社会貢献事業に従事できる制度の導入が盛り込まれたことも、NPOなどでの活動を後押ししていると考えられる。

ただ無報酬、または薄給の活動には確固たる目的や意欲がない限り、モチベーションが下がり、自己肯定感の低下を招きかねない。社会貢献活動に挑戦した事例を紹介し、「人のため」をやりがいにつなげるために何が必要なのか、考える。

## ［ケース1］　無報酬で自己喪失

### 退職後ボランティアで「自分をなくした」

2023年、年の瀬の都心。5、6人収容可能な広い貸会議室に取材対象者と筆者の2人。林田剛《はやしだつよし》さん（仮名、57歳）が沈黙してから10分近くが過ぎようとしていた。インタビューを開始した時には青白く、生気が失《う》せていた顔は、いつしか頬に赤みが差し、目が充血し始めている。発話の時間が迫っている。そう感じたのとほぼ同時に、林田さんが重い口を開いた。

「自分を、なく、した……」

56歳で早期退職して始めた地域でのボランティア活動を、わずか半年で辞めた理由を尋ねた答えの最初のフレーズがこれ、だった。

蚊の鳴くような声、も普段からしゃべり慣れていない人にはよくあることなのかもしれない。ただ彼の場合は、経営企画部や広報部に長く在籍し、株主やマスメディア関係者など幅広く社外に向け、情報を発信してきたＩＲ（インベスター・リレーションズ）やＰＲ（パブリック・リレーションズ）のプロである。それまで長年の継続取材で彼のこれほど弱々しい声を聞いたことがなく、普段は根気強く発話を待つところを思わず質問した。

「えっ、今、何とおっしゃいましたか？」

「……つまり、そのー……第二の人生、この時こそ、長年の夢であった、社会貢献、人の役に立つ活動を、周囲の評価や社内ポジション、そして組織や人との利害関係なく、思う存分できる。そう、信じていたのですが……。結局は、自分が価値のない人間に思えて自分を見失ってしまった。絶望した、のです……。なんとも情けない、こと、です……」

林田さんは嗚咽していた。再び乾いた空気が流れ始める。事の経緯と彼の心情を知るためにも、ここでただ待っているわけにはいかない。つらい質問であることは承知のうえで尋ねた。

「どうして、自分は価値のない人間、と思われたのですか?」

「だって、無報酬ですからね」

また沈黙するかと思ったが、呆気に取られるほど早く、素っ気ない答えだった。

「いくら人のために、と考えて頑張っても、無償で活動する、つまり活動したことの対価が支払われない、ということは、活動成果が誰からも評価されていない、ということじゃないですか。もちろん、ほかにもいろいろな壁というか、問題はありましたけれど……やはり無報酬というのが、一番大きかったと思います」

いつの間にか、元の淡々とした表情に戻っていた。

在職中から志高く、ＣＳＲ事業の推進に力を注いだ林田さんが、退職後のボランティア活動になぜ、「絶望」してしまったのか。この約20年間の軌跡をたどり、探ってみたい。

## 「ＣＳＲ担当のチャンスを生かしたい」

林田さんとは、大手企業を中心にＣＳＲに関する動きが活発化しだし、「日本のＣＳＲ経営元年」とも呼ばれる２００３年に出会った。当時37歳で、中小メーカーの経営企画部で課長補佐を務め、ＣＳＲを担当して数か月という時期だった。

大手企業が経営トップ直結の専門組織などを設置して担当役員を任命し、ＣＳＲ経営に乗り出し始めたのに対し、林田さんが勤務する会社では専門部署を設けることなく、経営企画部内に「ＣＳＲ担当」として、彼と入社年次が５年下の30代前半の部下の２人だけ。役員会に諮《はか》るためのＣＳＲの活動内容の選定にあたっていた。

「これからの時代、ＣＳＲ経営は企業の存続と発展のために欠かせない。そう自信を持って言えます。日本におけるＣＳＲの必要性が語られる時によく、高度経済成長期の公害問題を筆頭に、１９６０年代から１９９０年代にかけて多発した企業の不祥事、さらに２０００年に起こった雪印集団食中毒事件、同じ年から２００４年までの三菱自動車のリコール隠しなどが挙げられます。しかし、そうしたコンプライアンス（法令遵守）はもとより、そもそも企業に社会的責任が求められるのは必然的なことなのです。日本でも一定の歴史がありながら、本格的に企業が動いてこなかったのは怠慢としか言いようがありませんね」

インタビューの前に基本的な知識はある程度得てきたつもりだったが、林田さんの説明はわかりやすく、まるで大学の講義を受けているよう。CSR経営の重要性の解説だけで1時間強を費やしたこと、その時間があっという間に感じられたことが当時の取材ノートに記されている。が、取材記録を確認するまでもなく、当時の情景を昨日のことのように思い出す。

「まずはコンプライアンスと環境対応、そして社会貢献。この3つを重要な柱として活動内容に位置づけるべく取り組んでいますが、いずれはヨーロッパのCSR活動のように、地域や顧客、NGOまでも巻き込んで社会課題に取り組んでいかなければなりません」

CSRを担当するまで、経営企画部と広報部を行き来し、しゃべり慣れているようだったが、それも社内で活躍するために努力を重ねて修得した技だった。

「実は私はもともと商品企画が希望だったのですが……新人の頃に配属された時に能力を発揮できずに、バックオフィス部門に異動させられました。それだけに人一倍努力して、情報収集・伝達力やプレゼン、話術を磨いてきたつもりです。だから、社内でのCSR活動開始の情報をいち早くキャッチして、自ら志願して担当になったこのチャンスを、何としても生かしたいと思っているのです」

かしこまった話し方は変わらないものの、やや気持ちが昂《たかぶ》ったのか、自身の志を語る頬に少し赤みが差したのを覚えている。

## 成果出せず「時機を逸した」

ＣＳＲ担当になってから１年後、林田さんは38歳で経営企画部の課長に昇進した。ＣＳＲの担当は依然として彼と部下の２人だけ。課長ポストに就いたことで、ＣＳＲだけに専従することはできなくなり、経営陣のビジョンを具現化するための企画立案業務も並行して行っていた。

なおいっそう多忙になるなかでも、ＣＳＲ担当になった初年度に取締役会で決議されたコンプライアンスと環境対応、社会貢献の３つの取り組みについて、実施計画づくりに邁進した。しかし、課長職に就いてから２年が過ぎても、なかなか思ったように計画づくりは進まなかった。一度は賛同した経営陣が一部の活動に難色を示したことが主な理由だった。

「企業イメージ・ブランド価値の向上やステークホルダーはもとより、社会からの信頼獲得や有能な人材の確保など、経営陣もＣＳＲがもたらすメリットは理解しているようなのですが……コストがかかることが大きな壁となっていまして……。コンプライアンスと環境対応については何とかメドはついたんですが、社会貢献については全く進んでいません」

2006年、40歳の林田さんはそう話すと、眉間にシワを寄せた。社内でのCSRの推進についてネガティブな見方をするようになったのは、この頃からだったと記憶している。

そうして11年、45歳の時に元所属した広報部に異動して部次長に昇進すると同時に、CSRの担当から外れることになるのだ。その人事が自ら志願したことだったことを知るのは、部次長職に就いてから2年後のこと。「CSRが軌道に乗るのを確かめることなく離れるのは無念でしたが、経営陣が乗り気でない取り組みに力を注いでいては、その……昇進に響くので……」と、目線を合わせないようにうつむき加減で胸の内を明かした。

だがその一方で、企業ばかりか社会もCSRに関心を寄せるようになる。林田さんが広報部に移る前年の10年にISO（国際標準化機構）が「ISO26000」を発行し、CSR活動で尊重すべき「CSRの7原則」と「7つの中核主題」[*2]が設定されたこと。さらに15年に開催された国連総会で、SDGs（持続可能な開発目標）[*3]が採択されたことなどが背景にあったと考えられる。

林田さんの会社では16年から、工場のある地域で定期的に清掃活動を行うなど、社会貢献の活動に踏み切る。その陣頭指揮を執ったのが、かつて林田さんの下でCSRを担当した、経営企画部の部次長だった。

「成果を出せなかった私はタイミングが悪かったというか……時機を逸したようですね」

16年、広報部の部長を務めていた50歳の林田さんは、忸怩《じくじ》たる思いを語った。この時の表情がどこか吹っ切れたように見えたのは、すでに己の身の振り方を決めていたからかもしれない。

## 「いち市民としてなら」実現できるのではないか

2022年、役職定年からちょうど1年が過ぎた時、林田さんは56歳で会社を辞めた。退職金が割り増しされる早期退職優遇制度を利用したが、他界した両親の遺産や株式投資などでもともと経済的には余裕があったようだ。無論、そうした経済面の状況をはるかに超える退職理由があったことは言うまでもない。

退職を2か月後に控えた時、林田さんはいつになく明るい表情でこう説明した。

「会社員として叶えられなかった社会貢献の活動を、地域ボランティアとして始めたいのです。ＣＳＲ経営の重要性を上司を通じて経営陣に最初に進言したのは私ですし、ＣＳＲ担当として経営企画部で8年間、自分としては精一杯、頑張ったつもりです。でも……世の中の潮流やタイミングのせいにしてはいけないのですが……実際には時機を逸したのは不運でした。無念、だったとしか言いようがありません。だから……企業イメージの向上やコンプライアンスなど会社の営利活動とは全く関係のない、純粋な社会貢献に取り組みたいと考えたのです。社会貢献は、会社のＣＳＲでも最も手こずった分野でしたし……。いち市民としてなら実現できるのではないかと。これからの第二の人生、今度こそ、地域で『人の役に立つ』成果を実感できると大いに期待しています」

彼にしては珍しく、所々言いよどんだが、それは第二の人生の目標を高らかに宣言するために慎重に言葉を選ぶ間合いだったのではないかと思う。

ただ「地域ボランティア」としての具体的な活動内容は、この時点ではまだ決まっていないようだった。

## ボランティアを安易に考えていた

林田さんは退職1か月後から、地域の小学校の見守り活動のボランティアを始めた。地元の市役所の掲示板で募集を見つけたのがきっかけだった。交通量の多い交差点などに立って小学生が安全に登下校できるよう見守る活動を始め、見通しの悪い道や人通りの少ない通学路を通る小学生の登下校の付き添い、通学路の危険箇所などを把握して学校や行政に報告する巡回・点検がメインの活動だった。

地域の小学生を見守るボランティア活動を始めてから3か月ほどの間は、「小学生が喜んでくれ、『おじちゃん』と話しかけてくれるのがうれしい」などと意欲的に活動に携わっている様子が伝わってきた。だが、活動開始から半年を経たあたりから、取材の申し込みに対して「疲れているのでまたの機会に」などと応じてくれなくなり、時を経ずして音信不通になってしまう。

ようやく連絡がついた2023年の年末、林田さんはすでに2か月前にボランティア活動から退いていた。そうして、「自分は価値のない人間」「絶望」という衝撃的な言葉で自らの心情を表す冒頭の場面を迎えるのである。

なぜ自分は価値のない人間と思ったのか、という問いに「無報酬」であること、「活動成果が誰からも評価されない」ことを挙げた林田さんに、わずか1年前、地域ボランティア活動に踏み出す熱い思いを語った意気揚々とした面影は鳴りを潜めていた。

24年春、改めて思いを尋ねた。

「過去の肩書など通用しないし、長年地域に関わってこなかったハンデは百も承知していたつもりでしたが……ご近所さんであるボランティア同士の人間関係が煩わしかったのと、たまたま、登下校を見守る小学生の中に広報部時代に面識のあったマスコミ関係の人のお子さんがいて……家族の食卓で『部長から、見守りおじさんに転身』などと揶揄されているのではないかと想像して後ろめたい気持ちにもなって……。活動の対価が支払われない無償労働にやるせなさを感じたのも、そもそもボランティア活動への敬意と理解が足りなかったのだと思います。地域で人の役に立つ活動を安易に考え、動機も不純だったんでしょうね。会社で自分の手でCSR活動を軌道に乗せられなかった無念を晴らす面もありましたからね……」

ボランティア活動も仕事もしていない。これからどう過ごしていくつもりなのか。

「今年58歳の誕生日を迎えますが、会社の同期や大学の同級生たちはみんな管理職を退いても平社員として働いていますし、今は定年を過ぎても働き続ける時代ですからね……。しばらく休んで考えてから、有償労働に就くのか、ボランティアを再開するのか、何らかのかたちで、社会貢献につながる活動に関わりたいとは思っています」

前向きな時もつらい時も、ピンと張り詰めた空気が漂うことが多かったが、この時は肩の力が抜けたように、終始和やかな雰囲気だった。

## ［ケース2］「役定」を機に二足のわらじ

### 「難関」もCSR社会貢献に意欲

最初に紹介した林田さんと同様、在職中にCSRを担当したことがきっかけで、第二の人生を社会貢献活動に捧げる決意をした高橋栄二郎《たかはしえいじろう》さん（仮名）。ただ高橋さんが林田さんと違ったのは、担当から離れても会社のCSR経営に関心を抱き続けて研鑽を積む一方で、所属する部署での専門能力をさらに磨きつつ、役職定年を機に会社に在籍しながらボランティア活動を始めたことだった。

取材を続けてきた12年余りの歳月を振り返りながら、「人のため」をやりがいにつなげることができた要因を考えたい。

高橋さんと出会ったのは2011年秋。前年に「ISO26000」が発行され、説明責任や人権の尊重などCSR活動で尊重すべき7原則と、組織統治やコミュニティへの参画・発展など7つの中核主題が公表されたことで、大手を中心にさらに企業のCSRへの取り組みが加速していた時期でもあった。そしてこの半年前に東日本大震災が起きていた。

中小メーカーで人事、労務畑を歩んできたが、当時49歳で総務部次長として、CSRの担当責任者を務めて半年が経った頃だった。高橋さんが勤務する会社ではコスト面への懸念から、もともとCSRに対して慎重姿勢だったらしいが、ISO26000発行を機に複数のライバル企業が取り組み始めたことも踏まえ、11年から担当部署を設けて本格的にCSR経営に乗り出したという。

高橋さんは挨拶を交わすなり、ISO26000に沿って策定中の社のCSR推進計画の素案資料を提示し、説明を始めた。

「わが社でもようやく重い腰を上げてCSRに取り組むことになり、本当に良かったと考えております。課題は山積していますが、まずは始めることが肝心ですから。ＣＳＲには実は企業がすでに慣行していなければならない項目も少なくありません。法令遵守や説明責任、人権の尊重、適切な労働慣行などでございます。わたくしは人事、労務が長いので、人権や労働についてはこれまでも重視して取り組んでまいりました。やはり……社会貢献というのが、一番の難関じゃないかと思っているんです。社としても未経験の分野ですし、どこから手をつければいいものか……。そんな折、東日本大震災が起こり、手探りではありますが、被災地に社員を派遣して復興のための人的支援から始めているところです。社会貢献はうまくいけばＣＳＲの核となりますし、何としても頑張りたいと思っています」

社の広報部を通した実名取材ではないにもかかわらず、堅苦しい雰囲気でスタートしたインタビュー。終盤、社会貢献活動の話になると、表情も物言いも少し柔らかくなって熱がこもってくる。情熱を注いでいることがうかがえた。

## 得意分野で「役に立つ」を考える

ＣＳＲの中でも「難関」と捉え、「手探り」で始めた東日本大震災の被災地復興のためのボランティア活動。受け入れを希望した被災地数か所を、週末に社員数人ずつのチームに分かれて回ったが、若手社員を中心に希望者が途絶えることなく、活動は当初予定していた3か月を超えて半年余り続いた。

これ以降も2013年の兵庫県淡路島付近地震、14年の長野県北部地震などへの人的支援のほか、自社製品を小学校や公民館などの公共施設に無償、または安価で提供するなど、社会貢献活動は広がりを見せる。無論、法令遵守や人権の尊重、環境、労働など主要なCSRのテーマも着実に推進していく。その土台を固めたのが、高橋さんだった。

だが、高橋さんは15年、53歳の時、定期人事でCSRを所管する総務部から離れることになる。古巣の人事部の部長への昇進人事だった。

「役定（役職定年）を2年後に控えたこんな遅くに部長になるのはわが社では珍しく、ちょっと恥ずかしい気もしますが……。わずか4年ながらCSRに懸命に取り組んだことをそれなりに評価してもらえたのかと……。CSRの中でも特に、社外の組織、人たちと関わることの多かったのが社会貢献の活動でした。担当を離れてからも人的支援や自社製品の提供などを評価し、喜んでいただけた方々とは引き続き交流させてもらっていて、そのー、何というのかな……長く人事、労務を担当してきましたので、まあ、今度は自分の得意分野で何か、人の、社会の役に立つ、なんて、ことができないかと考え始めているところなんです……」

日頃から明瞭な物言いが特徴である高橋さんにしては、ややしどろもどろの話し方。穏やかで少しくだけた言い回しが、社会貢献活動で出会った人々との親しみのある関係性を象徴しているようにも思えた。

高橋さんは人事部に戻ってから、部長としては異例の取り組みを手を挙げて行う。16年から国家資格となったキャリアコンサルタントの資格を取得し、部長自ら社員のキャリア形成などに関する助言、指導を始めるのだ。

「キャリア形成、というと難しい言い方ですね。どのような職業人生を送っていきたいか、そのためにどんな能力を磨けばいいか、などを相談できる上司、先輩はなかなかいないものです。ずっと、部署の垣根を超えて人事のプロである人材が、社員のキャリア形成を支援できる仕組みが必要だと考えていたんです。ちょうど改正された職業能力開発推進法[*4]にキャリアコンサルタントが規定され、企業に従業員のキャリア形成を支援する取り組みが求められたこともあって、それじゃあ自ら率先してやってみよう、ということになったんです」

短期間ながら全力を注いだCSRの担当から離れてもなおいっそう、新たな職務に情熱を燃やす。部長の姿勢に触発されてか、人事部の中にも同様に資格を取得する者が相次ぎ、社員のキャリア形成などに関する相談に乗る窓口を新たに設けるなど体制が整うことになる。

ＣＳＲ担当の流れから続く、こうした一連の職務経験が、自身の得意とする分野で「人の、社会の役に立つ」活動につながっていくのだ。

## 週末に若者の就労支援活動

役職延長を重ねて２０１９年、高橋さんは57歳で役職定年を迎えたのを機に、週末を活用してボランティア活動をスタートさせる。就職活動がうまくいかず、新卒で就職する機会を逃した若者の就労支援を行うＮＰＯ法人での活動だった。そのＮＰＯでは業界・業種の適性を知るための情報収集の方法をはじめ、エントリーシートの書き方、面接試験での応答の仕方などさまざまな講座を開講しているほか、カウンセラーが一人ずつ面談を行い、職に就くことだけでなく、自身の将来的なキャリア、さらには人生の設計をどう描いていくか、ということまで長期的スパンできめ細かに相談に応じるのが特徴だった。

役職を外れたとはいえ、人事部で変わらず職務を遂行しながらのボランティア活動。当初は月に２日の活動だったが、登録する若者への個別のカウンセラー業務だけでなく、講義や保護者向けのセミナーまで担当するなど、自ら積極的に関わるようになり、半年が過ぎた頃には少なくとも月に４、５日は活動するようになっていた。

話を聞いたのは、ＮＰＯでの活動を始めてから８か月ほど経った頃だった。明るい表情で、ボランティア活動に意欲的に取り組んでいることは想像に易かった。

「キャリアコンサルタントの国家資格を取って社内で社員向けのキャリア相談を行ってきた経験が、ボランティアとして今、若者の就職を支援する活動にとても生きていると思うんですよ。もちろん、それ以前に総務部でＣＳＲを担当していた時、社会貢献活動の重要性を強く認識したことも大きいですね。地域で活動する人たちとの協働事業を通して、彼らの情熱を感じたことも、役定を機にボランティア活動に踏み出すきっかけになったように思います。言い方を変えれば、自分の得意分野と、人と社会の役に立つ、と目標にしてきたことが、私の場合はうまくマッチしたということですかね。定年までは、二足のわらじで頑張ります。それが会社にもボランティア活動にも有効なのではないかと、手前味噌ながら考えています」

この直後、若者の就労支援を選んだ理由が、ほかにもあったことを知る。

「実は……人事部に戻ってからしばらくした頃、大学４年生の一人息子が就職活動でつまずきましてね。体育会系でもなければ、学生団体やゼミのリーダーを務めるなどアピールできる要素もない。本人が言うには、『強い体力やガッツ、引率力を求められたけど、僕には無理』だと……。やる気をなくした息子を助け、同級生から1年遅れて就職に導いてくれたのが、今活動しているNPOだったんです。私自身が親向けのセミナーに参加したのが、団体の人たちと親しくなるきっかけという……。だから、息子がくれた縁にも感謝しているんですよ」

高橋さんの長男が就職活動でつまずくきっかけとなった苦い経験は、筆者が取材・調査を進めている、就職活動やインターンシップで、就活生に伝統的な「男らしさ」「女らしさ」などを要求する「就活セクシズム」[*5]にあたる可能性が高い。息子が困難を乗り越える契機となった若者の就労支援の活動に、父親としても、ひとかたならぬ思いがあることがひしひしと伝わってきた。

## 定年後に見つけた「本来の働く意義」

会社勤めをしながらの約3年間のボランティア活動で、個別カウンセリングなど学卒期の就職を逃した若者たちを支援する経験を積み、さらに人脈も広げた高橋さんは２０２２年、定年を機に活動していたＮＰＯ法人の事務局長に就任する。

ＮＰＯ法人の設立メンバーの一人が10年近く事務局長を務めていたが、高齢と健康面を理由に退任することになり、その前任者から強く望まれた人事だった。ボランティアとしての若者就労支援の腕を高く評価されたことに加え、会社で部長など管理職を務めた実績も買われたようだった。

事務局長に就任してから3か月ほど過ぎた頃、トレーナーにスラックスというラフな服装で、複数のＮＰＯが共同で使用する施設に現れた高橋さんは、なおいっそう生き生きとした表情で、定年退職前よりも数歳、若返ったように見えるほどだった。

「定年までの間、さまざまな事情で学卒期に就職できなかった若者たちと接して、本当に貴重な経験をさせてもらいました。定年後も引き続き、いちボランティアとして活動する予定だったんですが、たまたま声を掛けてもらいまして……。気楽に活動したい思いもあったので少し迷ったんですが、これまでの若者の就労支援の活動を評価してくださり、管理職としての経験も生かしてほしい、と言っていただいたので……。それに、かつてお世話になった息子が、背中を押してくれたのもあって、お引き受けすることにしたんですよ」

ＮＰＯでの活動に専従してから1年半。24年春に改めて思いを聞いた。

「総務部でのＣＳＲをはじめ、人事部に戻ってからの社員のキャリアコンサルタント業務など、会社員時代からいろいろと挑戦させてもらい、それが今の活動の土台になっていることは確かです。ただ、役定を機にボランティア活動を開始し、さらに定年後に専従してからはもっと、『人のため』をやりがいに、活動の価値を見出して頑張れるようになりました。会社では地位や人事評価などに働くモチベーションが左右されていた面も正直、大きかったですからね。今やっと、本来の働く意義を見つけられたように思っています」

わずかの沈黙を挟み、「自分を必要としてくれる限りは、前任者が退任した年齢の70歳ぐらいまでは働き続けたいと考えています」と話し、少しはにかんだ。

## ［ケース３］　定年後こそ「役立ちたい」

### ＮＰＯ職員として「夢の実現を」

継続雇用制度の対象者を限定できる仕組みが廃止され、対象者が希望者全員に拡大された２０１３年、戸倉耕造《とくらこうぞう》さん（仮名、60歳）は、ＮＰＯ法人の正職員として第二のキャリア人生をスタートして半年が過ぎた頃だった。技術職社員として定年まで勤めた会社が社会貢献事業を委託するＮＰＯ法人で、働くことになった経緯と抱負をこう語った。

「メーカーのエンジニアとしてそれなりに技術力は磨いてきたつもりですが……果たしてその技能が定年後も通用するのか、さらに、私がこれからどのようなかたちでお役立ちできるのかといった青写真が描けず……正直、上司と人事部から話をもらってから、かなり悩みました。上司たちが言うには、技術職の定年後のキャリア継続としてこれほど恵まれたことはないと……。まあ、本来は本人が希望すれば、会社本体で継続雇用するべきなんでしょうが……中小企業ということもあってか、『適所がない』と……。同じ会社のほうが働くほうとしても気が楽でしたが……。ただ、課長時代から取引先企業である町工場での技術支援でお世話になっていたNPOで、そのー、馴染みもありましたので……」

控え目で遠慮深い態度は戸倉さんの性格を表しているようだったが、所々に短い間を置きながらのたどたどしい話し方は、それだけ定年後の進路に逡巡したうえでの決断であったことがうかがえた。

そして、その選択には、エンジニアとしての並々ならぬ思いがあったことも教えてくれた。

「会社員時代には、組織のしがらみなど一定の制約もあってなかなか実現が難しかった夢……つまりエンジニアとして、自らの技術力で町工場の発展を支える、広い意味での社会貢献が、ようやく実現できるかもしれないと期待しているんです」

## リスキリングで技術力の不安解消

今でも、委託や出資する団体が行う社会貢献事業に定年を迎えた元社員を従事させるケースは少ないなか、2013年当時、戸倉さんが定年まで勤めた会社が社会貢献事業を委託するNPO法人で職を得られたことが、いかに先駆的であったかがわかる。

戸倉さんは課長時代に３年間、役職定年を迎えて定年退職するまでの５年間の計８年間、社員として、定年後に働くことになったＮＰＯ法人と協働で、取引先である地域の町工場に派遣する社員を選定、自らも赴くなどして、技術支援を行っていた。そうした定年前からの実績と経験が、戸惑い、悩みながらもＮＰＯ法人への再就職を決断した背景にあったようだ。

社員として関わっていた頃には、入職したＮＰＯ法人は企業と町工場をつなぐ仲介業務を担っていたが、委託元企業で実績を積んできた戸倉さんが職員となったことで、支援が必要な町工場を探してマッチングするだけでなく、技術支援そのものもＮＰＯで行えるようになった。

先の再就職から半年後のインタビューでは、エンジニアとしての技術力を維持、向上できるのかどうかという不安も漏らしていた戸倉さんだったが、定年まで勤めた会社に月１回程度通って技術職の社員、つまり元部下から毎回１時間程度、最新技術のアドバイスを受けるなどして、リスキリングに励んだ。

入職後、３年が経過した頃の取材では、定年後の技術職としての歩みを満面に笑みを浮かべてこう語った。

「胸を張って、日進月歩の技術に対応できています、と言えるほど自信をつけたわけではないんですが……でも、新たな技術を知識として修得したうえで実践する、というルーティーンを自分に課して日々を送っているうちに、定年時に抱いていた不安がほぼなくなり、もやもやとしていた気持ちもすっきり晴れてきた感じが今、しているんです。技術支援を委託する元お世話になった会社と、地域の町工場をつなぐ役目には大きなやりがいを感じますし、自分のエンジニアとしての力で、支援先の工場の技術者や社長さんに喜んでもらえることが何より、うれしいですね」

## 元会社との絆深め、66歳以降も

戸倉さんは当初、65歳になった時点で、NPO法人での仕事を辞するつもりでいた。ところが、NPO理事長や職員はもとより、技術支援を行っている町工場を経営する零細企業の社長たちから強く引き止められたため、「とりあえず短期間でも続けることにしました」とインタビューで話し、一方で、「65歳までの間でやりがいが最高潮に達した感があったので、これからさらに何に役立てるのか、自信がない面もあるんです」と不安や戸惑いも漏らしていた。

定年後の身の処し方について、戸倉さんは60歳の定年退職時、そしてこの65歳を迎えた時点と、選択に直面したときはいつも、大いに悩んだ末に決断していた。それだけ、自らの働きがどれだけ雇用主や支援先、社会に役立てるのかという細心の配慮があったためで、背景には自身の技術者としての能力の限界を敢えて厳しく見ていた面があったように思う。

66歳になって以降もＮＰＯ法人の常勤職員として働き続け、町工場の技術支援などを行い、定年まで勤めた会社との絆を深める過程で、技術力や貢献度に対する懸念は少しずつ払拭されたようだった。

自身のエンジニアとしての技術力の維持・向上に関しては、65歳になる前から元部下から助言を受けて技術のアップデートに努めていたことは先に述べたが、実はこの背景には会社側の後方支援があったことを後になって知るのだ。

66歳でＮＰＯと雇用契約を更新してから1年近くが過ぎた頃、晴れやかな表情で取材に応じてくれた。

「定年を機に、私のようにＮＰＯ法人や関連企業などへ仕事を紹介した技術職の元社員に対して、技術力を現状に対応できるように高めるため、会社が元いた部署の部長に指示して部員がアドバイスをしやすいような環境をつくってくれていたんです。今も月に１度は指導を受けています。とてもありがたいことですね。私が複数の町工場で技術支援を続けることで、会社との信頼関係も深まり、取引先も増えて、互いに良い影響を与えられているということは……。それで、私のほうでも、会社に何かお役に立てることができないかと今、考えているところなんです」

定年まで勤務した会社との感謝し合える関係性が、一度は考えた引退を踏みとどまらせたようだった。

## 定年前にはなかった「やりがい」求め

定年後も技術者としてのやりがいを抱く支援をしてくれた、定年まで勤務した会社のために、何か役立てることはないか。戸倉さんは考え抜いた末に、元いた技術部門の部長と人事部と協議を重ね、ある結論にたどり着いた。

それは、定年を数年以内に控えた技術職の社員に、定年後のキャリア設計をアドバイスすることだった。希望者を募り、月に1、2度、会社を訪問して個別に相談に応じるようになった。今度は、勤務するNPO法人側の理解と支援があって実現したことだった。

「私が定年まで勤めた中小企業では、なかなか自社で定年後雇用を確保することは難しい。でも、エンジニアとして長年培ってきたノウハウ、経験を生かすことはいくらでもできる。そのことを定年を控えて働くモチベーションが低下しかねない後進に伝える機会を設けてもらい、NPOでの活動とはまた別のやりがいを感じています」

タスクが増えて物理的には忙しい日々を送っているようだったが、時を経るごとに表情がますます穏やかになっている様子が見て取れた。誰かの役に立てていることの充実感が、そうさせているのではないかと感じた。

2023年秋に70歳の誕生日を迎えた戸倉さんは、24年の今も、週2日勤務の非常勤職員として同じNPO法人に所属し、町工場に派遣する技術支援員を指導、補佐する役目を担っている。元いた会社での定年を控えた社員へのアドバイスも月に1回程度続けている。戸倉さんの活動に賛同し、定年後も関連企業やNPOで働き続けている技術職のほか、事務系職種からも、アドバイス役を買って出てくれる元社員が数人現れ、より活発な取り組みとなっているという。

実は21年、68歳の時には肺がんも経験し、闘病の末、仕事に復帰していた。

「2人に1人が一生涯でがんになると言われる時代ですが、最初にがんと聞いた時は私もかみさんもショックで……。でも初期でしたし、少しずつ受け止めて病と向き合うことができました。もちろん、かみさんや子どもたち、孫たちの存在も大きかったですが、職場や町工場、元いた会社の皆さんの応援もありがたかった。高齢者になると、ともすると孤独に陥りがちですが、家族以外にも支えてくれる人がいるのは働いているお陰だと思います」

70歳までの就業確保措置が努力義務となった今、改めて定年後について考えを聞いた。

「私はラッキーなほうだと思いますが、健康面なども踏まえたうえで、何かしら社会に貢献できると思えるなら、有償か無償か問わず、どんどん働くべきですね。定年前には感じることのできなかったやりがいがありますから。定年後だからこそ、できることがある。『役立ちたい』という思いを大切に、ぜひ一歩踏み出す勇気を持ってもらいたいです。私のほうは、今度こそあと2、3年、と決めていますが……辞めてもちょくちょく顔を出すんじゃないですかね」

そう話すと、少し照れくさそうに笑った。

## 企業が支援する時代へ

### 強い意志と入念な準備

ＣＳＲ経営をはじめ、ＥＳＧ投資、[*6] ＳＤＧｓなどへの社会の関心が高まり、社会貢献が企業活動の主要な柱のひとつとして認識されるなか、社業の一環として現役時代から社会貢献活動に関わるケースも増えている。そうした定年前からの社会貢献の取り組みが、定年後のボランティアやＮＰＯ法人などでの活動に生かされているケースも少しずつではあるが、広がりを見せている。

最初に紹介した林田さんのケースは、30代後半、経営企画部の課長補佐時代からＣＳＲ担当として会社の社会的責任の事業立ち上げに尽力したが、成果を上げるところまでには到達せずに担当を外れた。広報部部長の役職定年の１年後の56歳で退職し、「会社員として叶えられなかった社会貢献の活動を、地域ボランティアとして始めたい」と意気込んだが、地域の小学校の見守り活動はわずか半年で辞めてしまう。本人はその理由としてボランティアへの己の理解不足と無報酬を挙げ、活動の対価が支払われないことによって「自分は価値のない人間」に思えたと言う。さらに、現役時代にCSR事業を自らの手で軌道に乗せることができなかった「無念さを晴らす」という不適切な動機があったことも認めた。

これに対し、2番目に紹介した高橋さんは、同様に総務部次長としてCSRを担当した経験を持つが、担当を外れて古巣である人事部に戻って部長職に就いてからも、CSR担当時代に手掛けた社会貢献への関心を抱き続け、自身の専門分野の技能を生かした活動を行うためにキャリアコンサルタントの国家資格を取得。役職定年を機に57歳から週末を利用して若者の就労支援を行うNPO法人で活動を開始した。そうした現役時代からの社会貢献活動が評価され、定年後にNPO法人の事務局長に就任する。先述の林田さんとの大きな違いは、社会貢献活動を行う確固たる動機と強い意志を携えたうえで、退職する前から、経験を積むことをはじめとする入念な準備をしてきたことだった。

ちなみに、高橋さんと同様に、第1章で紹介した遠山さんの事例も、若者就労支援のNPOで活動することになった理由のひとつにわが子の就職困難があったが、こうしたケースはほかの継続取材事例の中にも数例ある。長年会社勤めをしてきた男性が定年前後から携わる社会貢献活動に、父親としての動機が存在することは注目に値する。

**図６　「社会に貢献」か「自分の興味」か、希望する働き方**

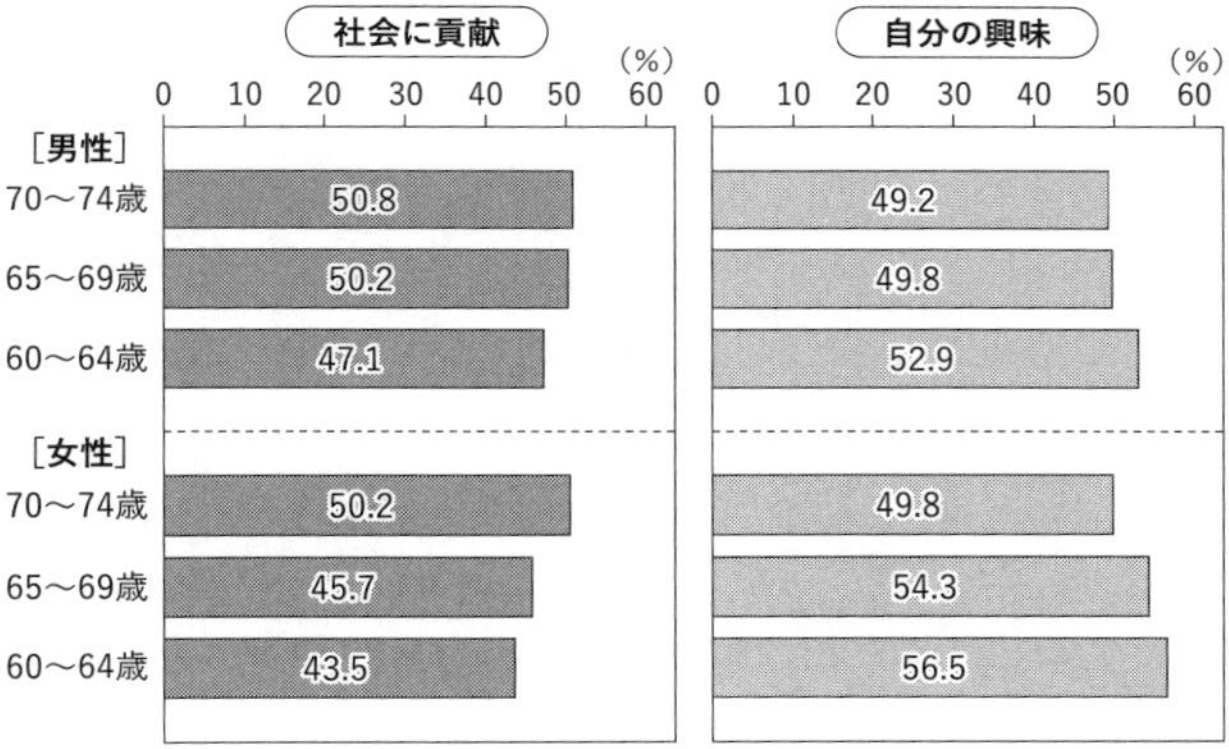


出所）「シニア層の就業実態・意識調査」（ジョブズリサーチセンター 2023）より

## パラレルキャリアも奏功

リクルートが運営するジョブズリサーチセンターの調査「シニア層の就業実態・意識調査２０２３」では、60～74歳を対象に、希望する働き方について、「社会に貢献できる仕事をする」か「自分の興味がある仕事をする」か、２つのどちらの考えに近いかを尋ねたところ、５歳刻みの年齢別にみると、男女ともに70～74歳が、「自分の興味」よりも、「社会に貢献」（「非常に近い」と「やや近い」の合計）と答えた割合が最も高かった（男性は50・８％、女性は50・２％）。男性は65～69歳でも「社会貢献」のほうが上回り、年齢が高いほどその傾向が強かった[*7]（図６）。

高橋さんのケースのように、本業と並行してNPO法人などの非営利組織でボランティアなどとして活動することは「パラレルキャリア」[*8]とも呼ばれる。定年前からのパラレルキャリアが、定年後の社会貢献活動に奏功することが、労働政策研究・研修機構の調査（「人生100年時代の企業人と社会貢献活動に関する調査」20年公表。大企業で働く全世代対象）からも明らかになっている。同調査では、現役時代にボランティア経験がある人は、ない人に比べて、「退職後のボランティア・社会貢献希望」（経験有り39・6％、経験無し16・2％）が20ポイント以上高かった。

そうして今後、定年後の社会貢献活動での取り組みをバックアップする存在として、企業の役割がますます重要になってくると考えられる。最後に紹介した戸倉さんは、課長時代に取引先である町工場への技術支援に携わっていたが、会社から委託を受けて支援先である町工場とのパイプ役を担っていたNPO法人で、セカンドキャリアをスタートさせることになった。

戸倉さん自身、定年後にエンジニアとして役に立てるのかどうか不安を抱いていたが、定年まで勤めた会社の支援によって、最新の技術にアップデートするための能力開発、リスキリングを進めることができた。NPO法人への就職を後押しした企業にとっても、会社の事業を熟知した元社員がＮＰＯ職員として直接、町工場への技術支援にあたることで、既存の取引先との関係維持だけでなく、新たな取引先の開拓にもつながった。さらに、戸倉さんが定年を控えた社員に定年後の働き方の相談に乗る役目も担うなど、元在籍した企業と、技術支援先の町工場を構える零細企業、そして所属するＮＰＯ法人という三者が相互に良好な関係を保って支援し合うという好循環が生まれ、良い成果をもたらすことになったのだ。

## 内発的動機づけの長所を生かす

内発的動機づけは、働き方や有償か無償かなどにかかわらず、定年後の労働、活動の価値観を転換するうえで重要な要素であり、なかでも社会貢献活動にはやりがいや達成感は欠かせない。そして、３つの事例からも見てきた通り、確固たる目的、意志とともに、定年を迎える前の在職中からＣＳＲなどの会社の事業に携わったり、週末を利用してボランティアで社会貢献活動を行ったりするという、事前準備と実践が本格的な活動に好影響を与えていた。

ただ内発的動機づけには、長所もあれば、短所もある。米国の心理学者、チクセント・ミハイは、外発的に動機づけられた労働が報酬や地位の獲得などの目的を達成するための手段であるのに対し、内発的に動機づけられた労働は、何らかの目的のための手段となるわけではなく、活動そのものが目的となる、すなわち「自己目的化」の傾向を生じやすいという。自己目的化により、活動のリスクに無防備で視野が狭く、入れ込み過ぎてしまうことを短所として指摘する。その一方で、長所として、エネルギーを集中して活動に注ぐことが可能と指摘している。[*9]

内発的動機づけの短所を理解してオーバーワークなどを避け、長所をうまく生かしつつ、定年後こそ、「人のため」をやりがいに。今後なおいっそう実現可能性が増していく分野であると言えるのではないだろうか。

＊1 従業員の人権尊重など労働環境の整備や、環境に配慮した事業推進、コンプライアンス（法令遵守）、地域社会への参画・貢献など、多様なステークホルダー（従業員、消費者、地域住民など利害関係者）に配慮した企業経営。企業利益だけを追求するのではなく、社会の一員として社会の維持・発展に責任を待つ活動を意味する。

＊２　ＩＳＯ２６０００の「ＣＳＲの７原則」は説明責任、透明性、倫理的な行動、ステークホルダーの利害の尊重、法の支配の尊重、国際行動規範の尊重、人権の尊重。「７つの中核主題」は組織統治、人権、労働慣行、環境、公正な事業慣行、消費者課題、コミュニティへの参画及びコミュニティの発展。

＊３　「誰一人取り残さない」持続可能で多様性と包摂性のある社会の実現のため、２０３０年までの達成を目指す国際的な開発目標。貧困や教育、ジェンダー平等、環境問題など、17のゴールと具体的な１６９のターゲットなどが設定されている。ＣＳＲは活動の対象がステークホルダーであるのに対し、ＳＤＧｓは地球上のすべての事柄である点などが異なる。

＊４　２０１６年施行の改正職業能力開発促進法で、キャリアコンサルタント（国家資格）が規定されるとともに、企業にはキャリアコンサルタントによる面談とキャリア研修などを組み合わせ、体系的、かつ定期的に従業員の主体的なキャリア形成、能力開発を支援することが求められた。

＊５　就活やインターンシップなどで、学生に身なりや態度、仕事に対する姿勢などについて、旧来の「男らしさ」「女らしさ」のジェンダー規範、性の多様性を度外視した男女の性別二元論を押しつけること。

＊６　環境（Environment）・社会（Social）・ガバナンス（Governance）の英語の頭文字をつないだ頭字語。従来、投資家が企業の株式などに投資する場合、投資先の価値を測る材料として主にキャッシュフローや利益率などの定量的な財務情報が使われてきたが、それに加え、非財務情報であるＥＳＧの要素を考慮する投資。

＊７　男性は65～69歳の「社会に貢献」は50・２％。60～64歳は「自分の趣味」（52・９％）のほうが多い。

女性は60～64歳と65～69歳では、「自分の興味」のほうが上回った。

＊8 副業が金銭的な報酬を得るための仕事であるのに対し、パラレルキャリアは本業に従事しながら自分の好きな分野でのキャリア開拓を目指し、社会貢献や夢の実現などのために第二の活動を行う。

＊9 Csikszentmihalyi, Mihaly（2003）, *Flow: The Psychology of Optimal Experience*, New York: Harper Collins Publishers.

# 第5章

# 「均等法第一世代」女性の光と影

## ロールモデル不在で戸惑い

男女雇用機会均等法が１９８６年に施行されてから間もない頃に、総合職で就職した「均等法第一世代」の大卒女性たちが、２０２３年度から定年を迎え始めている。

事業主による採用や配置、昇進、定年などに関する措置で「性別を理由にした差別の禁止」などが定められた男女雇用機会均等法の施行は、女性の社会進出が進む契機となった。だがその一方で、世間からの注目とは裏腹に、理想と現実とのギャップに思い悩み、志半ばで辞職する女性たちが後を絶たなかったのも、「均等法第一世代」である。

この世代では結婚、出産を機に退職したケースが多く、再就職しても非正規雇用が少なくないため、正社員で管理職も経験し、定年まで仕事を続ける女性はかなり少ない。それだけに、さまざまな困難に直面しながらも定年まで勤めた女性の就業継続の意欲は高いのだ。また、男性に比べ、共感やヨコのつながりを重視する傾向が強い女性は、定年後の柔軟な働き方に適応しやすい面もある。

現在定年を迎えている女性の中には管理職経験者もわずかながら含まれる一方で、管理職に就いた経験のある先輩の「定年女性」のロールモデルはほとんど存在しないため、戸惑うケースは多い。更年期[*1]に伴う心身の不調と向き合うなかで、日頃にもましてストレス過多となり、冷静な判断が難しくなるケースも見受けられる。

企業側も「定年は男性のもの」という認識がまだ根強く、女性社員については子育てとの両立支援や管理職登用の推進で手一杯で、定年後の活用やセカンドキャリア支援に取り組む余裕がないという実態もある。

後進の女性たちのためにも、この世代がセカンドキャリアをどう切り開くかは重要だ。何がシニア女性の活躍を阻み、また成功に導くのか。総合職入社だけでなく、一般職からの転換、結婚退職後ブランクを経ての再就職など、さまざまなケースを取り上げて考察する。

## ［ケース1］「仕事ひと筋」燃え尽き症候群

「最後の最後で、会社に見捨てられた」

「こんな、はずじゃ、なかった！　これまで、必死に、仕事に打ち込んできた、んです。私生活だって、犠牲にした。仕事が私のすべて、だった。そ、れ、なのに……。私は、最後の最後で……会社に見捨てられたん、です……」

２０２０年。なぜ、会社を辞めたのか――。という問いに数分間、押し黙った後、メーカーの広報部長職を役職定年になるのと同時に自ら職を辞した横沢佐恵子《よこざわさえこ》さん（仮名、57歳）は、嗚咽し、言葉に詰まりながらも、懸命に思いの丈をぶつけた。

「これまで会社のことを悪く言うのは極力避けてきましたが……私たち女性の総合職第一号は……実際には〝広告塔〟のように扱われて……能力を発揮するどころか、活躍するための機会さえ十分には与えてもらえなかったんです。そんななかでも、私は耐えに耐えて、頑張って……『男社会』の会社をうまく渡り歩きながら、上司に実力を認めさせて、部長にまで上り詰めたんです。そ、それ、なのに……役定（役職定年）を機に、全く経験のない営業部でデータ管理の仕事を打診されるなんて……。派遣の女性で十分の仕事。もう〝お払い箱〟と言っているのと同じじゃないですか！」

総合職第一号としての入社からの経緯を話すなかで、いったんは感情の昂りも治まりかけたかに見えたのだが、会社から役職定年後に打診された部署と職務を説明しているうちに憤りが再燃したようで、また言葉につかえ、うなだれた。

それまで長年の継続インタビューで横沢さんは、彼女自身の昇進などキャリアの節目をはじめ、女性社員の家庭と仕事の両立、管理職登用など女性に関する社内制度が整備され、社員の意識も変化するたびに、葛藤や戸惑い、不満などさまざまな心境を語ってくれた。そして、それを己の糧として前を向いて進んでいくのが彼女の強みだった。

にもかかわらず、この日の取材では、本来の彼女なら口にすることがないであろう、「男社会」を「うまく渡り歩いた」といった自分の会社員人生を皮肉るような言葉遣いや、「派遣の女性で十分」といった非正規雇用の女性スタッフを見下すような物言いも気になった。「均等法第一世代」としていくつもの荒波を乗り越えて能力を開花させた女性の前に、キャリア人生の終盤で立ちはだかったものは何だったのか。これまで20年間に及ぶインタビューを振り返り、その要因に迫りたい。

## 初の女性課長就任で「本当の腕の見せ所」

横沢さんとは2004年、均等法第一世代の総合職女性が管理職への昇進時期を迎え、どのように職場で能力を発揮してキャリアを築いているのかについて、話を聞いたのが始まりだった。入社以来、最も長く在籍して経験を積み、実績を上げてきた広報部で、社内初の女性課長に40歳で昇進してから1年ほどが経過した頃だった。

濃紺のノーカラージャケットにタイトスカートという落ち着いた色、デザインのスーツ姿に、襟元に白地に淡いピンクの花柄のスカーフを巻いて控え目に可憐さを醸し出す。明瞭ながら少しゆっくりとした口調で、微笑みを絶やさない。肩に力の入らない穏やかな雰囲気だったのが、とても印象に残っている。

「社内だけでなく、社会からも、もてはやされて……均等法（男女雇用機会均等法）が施行された年に、女性総合職第一号として入社しましたが、入社数年で多くが辞めていきました。同期入社したほかの女性2人も、入社2、3年目で早々と退職して、いずれも20代半ばで結婚しました。均等法前の女性たちと何ら変わらない人生を歩んだわけです。せっかくチャンスが巡ってきたのに、残念でなりませんでした。後に続く後輩女性たちの見本にならないといけなかったのに……。奥田さんもそんな苦い経験をされたんじゃないんですか？」

「私は年齢的には均等法第一世代ですが、大学卒業後、非正規で働いてお金を貯めてから海外の大学院に進学したので、入社時期は就職氷河期とズレているんです。ただ、同世代としての思い入れは強く、取材を通して皆さんの思いに少しでも近づきたいと努めてきました」

「そうでしたか。では、説明しますね。単刀直入に言うと……総合職女性たちの気合が足りなかったのだと思いますよ」

「えっ？　気合というと……」

「時代が変わろうとしているのに、その波に乗れなかった人があまりに多かった。男性と肩を並べて仕事をするんですから、厳しくて当然ですよね。でも、それに耐えられなくて……結局は、結婚に逃げたんじゃないでしょうか」

柔和な表情は変わらないが、言葉は至って厳しい。均等法第一世代の女性の多くが入社数年で辞職した理由を会社のせいにするのではなく、本人に突き付けていたのも新鮮だった。

「社内で女性初の課長になって、今後、仕事とどう向き合っていきたいと考えていますか？」

「これからが、本当の腕の見せ所だと思っています。もともと均等法第一世代の私が初の女性課長になるのは決まっていたことですから。だから、仕事ひと筋で頑張ります。自信はありますよ」

「あのー、失礼ですが……」

「あっ、結婚ですか？　お気遣い無用です。結婚も出産もやめて、仕事ひと筋、ってことです。子育てをしていたら、男性と同じように会社の業務命令に従うことができず、課長にはなれていなかったでしょうし、家庭と両立しながら能力を発揮するのは難しいですから」

当時は今とは異なり、女性の管理職登用どころか、女性が出産後も就業継続することが容易ではなかった時代。企業は、女性社員の子育てなど家庭との両立支援策に頭を痛めていたのが実情だった。そんな時代を「仕事ひと筋」でこれからも頑張るという横沢さんが、逞しくも見えた。

## 過剰な「配慮」への不満と「女の闘い」

その後、時流に乗って、企業の多くが女性社員の仕事と家庭の両立支援本格化へと舵を切る。横沢さんのように「仕事ひと筋」で頑張ってきた生き方とは異なる女性のライフスタイルを、社会も推奨し、応援するようになっていくのだ。

2007年に政府と経済界、労働界、地方公共団体の合意で「仕事と生活の調和（ワーク・ライフ・バランス）憲章」が策定されたことを契機に、「ワーク・ライフ・バランス」[*2]という言葉・概念が広まり始めたことも背景にはあった。

一方で、独身を貫き、男性社員と同様、長時間労働もこなし、地方支社への転勤も経験してきた横沢さんにとっては、子育てをしながら就業継続し、育児休業（育休）だけでなく、時短勤務や時間外労働（残業）の免除、転勤の見合わせなど、さまざまな「配慮」を受けている女性社員の働き方には、物申したいところがあるようだった。

07年頃を境に不満は次第に強まり、笑みを見せることもほとんどなくなる。関西の支社への3年間の転勤を経て東京本社に戻り、広報部の部次長に昇進してから3か月ほど経った10年のインタビューで、当時47歳の横沢さんは、どうにもやりきれない思いを打ち明けた。

「結婚、出産しても仕事を辞めず、子育てしながら働き続ける女性を増やすことが、世の中の流れだということはわかっています。『女性の社会進出』と言われれば、反論することはできませんし……。でも、どこか、違う、と思うんです」

「何が、違う、とお考えですか？」

「育児との両立のために女性社員に過剰に『配慮』することですね。例えば、育休を取得した女性社員のいる部署は欠員1のまま職務を遂行して、職場復帰しても、時短勤務、残業免除などとなると、その分、他の社員の負担が大きくなります。本人も『配慮』、つまり仕事の量も質もセーブしたぬるま湯状態から抜け出すことができず、総合職でも出世の道を逃してしまう。本人が昇進を望まないことも多いですが……。その一方で、負担が重くのしかかったある30代独身の女性の部下が辞めていきました。彼女のつらさに気づいて、十分にフォローすることができずに責任を感じているんです。うーん、何と言ったらいいのか……」

横沢さんが言いよどみ、しばし沈黙が訪れる。自身の考えをうまく言語化しようともがいているようにも思えた。と、急に靄《もや》が晴れたように、誰に語りかけるともなく、ぽつりとこう、つぶやいた。

「女の闘い、なのかも……」

この女性同士の「闘い」が、やがてわが身にふりかかろうとは、この時は予想だにしていなかったことだろう。

## 〝数合わせ〟の女性優遇は許せない！

それからも社会が求める女性社員の働き方、生き方は、ますます横沢さんが歩んできた仕事を第一優先とする道とは異なる方向に向かっていく。育児と両立させながら仕事で能力を発揮し、さらに管理職という指導的地位に就いて活躍していくというライフスタイルである。

第二次安倍内閣が２０１３年に発表した成長戦略のひとつに「女性が輝く日本」が掲げられた頃から、大企業を中心に女性登用を意識した取り組みが本格化する。その後、女性管理職比率の数値目標などを盛り込んだ行動計画の策定、公表を雇用主に義務づけた女性活躍推進法[*3]の施行によって、企業の女性登用推進が一気に加速する。

横沢さんが育児をしながら管理職を目指す後進の女性たちへの嫌悪感や批判を赤裸々に語るようになったのは、女性活躍推進法が全面施行された16年頃からだった。14年に51歳で社内初の女性部長に昇進して采配を振るう一方で、悩みはなおいっそう深まっていたのだ。

「『女性活躍』という国が掲げる崇高な理念はわかりますよ。でもね、職場を混乱させてまで、無理して、育児との両立だけで大変な女性社員を、管理職にまで引き上げて優遇するのはどうかと思うんです！」

それまでも多少の憤りを露わにすることはあったが、16年のこの時のインタビューでは声を震わせて怒りをぶちまけたのが鮮烈に脳裏に焼きついている。

「混乱、とは職場でどのようなことが起こっているのですか？」

「まず、リーダーとしての能力が備わっていないのに、女性管理職の数値目標を達成するため、つまり〝数合わせ〟の不適切な女性優遇措置で課長に昇進したために部下を管理・監督できないことです。うちの部でも人事部から打診を受けた時、きっぱりと断ったんです。でも、『社の方針だから頼む』と言われて……。対外的なPRも狙っているのでしょうが、女性の中でも敢えて子育て中の者を優先して登用しようとしているようで……納得いきません。下駄を履かせて課長に就かせてもらったにもかかわらず、子どもを保育園に迎えに行くとかで平気で残業せずに退社するし……。おのずと人間関係はギスギスするし、職場全体のパフォーマンスが低下しています。許せない！　すべて部長の私の責任になるんですから……」

横沢さんの会社の女性登用が本当に不適切だったのかどうかは、わからない。ただ、幼児を育児中の女性課長の誕生が、部内に多少なりとも混乱を招いたことは確かだろう。

その後も取材するたびに、部下の女性課長だけでなく、全社的に少しずつ増えている女性管理職への批判の声がますます強くなっていった。

## 辞職の背後に女性部下への「パワハラ」

そうして、冒頭の2020年のインタビューで、むせび泣きながら気持ちを激しくぶつけたシーンへとつながるのだ。役職延長を2度重ねて57歳まで部長を務めた横沢さんにとって、次の職務として打診された未経験の営業部でのデータ管理は、「これまで必死に頑張ってきた自分のキャリア人生を否定されたようだった」と、感情の昂りが治まってから彼女は静かにつぶやいた。

その後、定期的に連絡をしても返信がない状態が続き、ようやく取材が実現したのは、22年のこと。退職後1年半は預貯金を取り崩して暮らしていたが、しばらく前から大学時代の友人の紹介でウェブライターの仕事を始めたのだという。

「広報部時代の経験を生かして、ライターを細々とやっています。会社員時代に比べると、誰がどう評価してくれるのかもわからない戸惑いもありますが……また社会とつながれて少しは気持ちが上向いたような気がしています」

そして、思わぬ告白を聞くことになる。広報部の部長時代、「女王蜂症候群[*4]」とも呼ばれる、女性上司による女性部下へのパワーハラスメント（パワハラ）の加害者として訴えられたというのだ。

「ずっとお話ししたいと思っていて、できていなかったのですが……。実は、仕事を辞める1年ほど前に女性部下からパワハラで訴えられていたんです。当時は事実無根と突っぱねましたが……パワハラに該当する部分はあったんでしょうね。残業や転勤もせずに子育てと両立させながら課長になり、有能な彼女が腹立たしかった。嫉妬していたのかもしれない。今ならそう、思えます……」

　１か月に及ぶ関係者のヒヤリングでパワハラ認定はなされなかったが、周囲から白い目で見られ、「女性部長は感情的になる」「女性部下とは仲が悪い」と陰口をたたかれているであろうことは想像に易かった。

「女性部下からのパワハラの訴えがあったために、私が部長の先に望んでいた、いずれも女性初となる本部長や執行役員に就く道はなくなったのだと考えています。男が決めたルールに従って働いているうちに、当初は不本意だった『男社会』に違和感も抱かなくなっていました。管理職として順当に出世させてもらい、感謝しています。でも……仕事も家庭も手に入れて、さらに出世までする『女性活躍』社会へと、日々刻々と変わっていく時代の変化に、男では珍しくない仕事ひと筋できた私自身が追いつけなかったのでしょうね。それで自分を見失い、燃え尽きてしまった。もう少し早く、意識を変えられていればとも思いますよ」

　自身を俯瞰して見ているようだったのは、冷静さを取り戻した証《あかし》であるようにも思えた。

　24年の新春、複数の編集プロダクションと業務委託契約を結んでフリーランスでウェブライターを続けている横沢さんに改めて話を聞いた。

「今年度、私の同級生たちは定年退職を迎えました。管理職を経験して定年まで同じ会社で働き続けた女性は、ゼミで私だけですけれど……。同級生の男性たちが試行錯誤しながらも頑張っている姿を見聞きして、私もためらっていてはダメだと思い直しました。1年ほど前からスキルアップにも取り組んで、ライターの仕事に本腰を入れるようになったんです。誰かが必要としてくれるうちは、まだまだ、続けますよ。う、ふっ……」

20年に及ぶ継続インタビューで、横沢さんがリラックスして自然な笑みを浮かべたのを見たのは、出会った頃以来だった。

## ［ケース2］「道なき道」行く定年女性

### 定年退職後「今の仕事が最も充実」

2024年の初春、小売業の会社を定年退職後、税理士事務所に税理士補助として勤めて半年になる村木紗恵《むらきさえ》さん（仮名・60歳）は、取材場所のオープンカフェの庭先に咲き始めたばかりの梅の花を時折、愛おしそうに眺めながら、こう振り返った。

「定年まで勤めた少数派の総合職女性は口を揃えるでしょうが……私たち『均等法第一世代』は、定年後どのように道を歩んでいけばいいのか、見本とするロールモデルがないのが大きな壁です。母数は少ないながら働き続けたいと望む女性が多いけれど、会社はシニア女性のセカンドキャリア支援までには手が回らないから……悩みは尽きません。それに……今思うと40代後半から50代半ばまでは更年期も影響していたのでしょうが、抑うつ症状が断続的に出るなど、心身の不調が重なって……正直、つらいこと尽くしでした。でも、私の場合は、ちょっと変わっていて、もともと順当にキャリアを重ねてきたわけではなかったから、何とか踏ん張ることができたのかもしれませんね」

村木さんは均等法第一世代ながら、大学卒業後に一般職で入社し、29歳で転換試験を受けて総合職となった。その後、努力を重ねて実績を重ね、課長ポストに就いたのだ。

それにしても、ここまで冷静に、穏やかに振り返ることができるのは、どうしてなのだろう。ふと疑問が頭をよぎったのとほぼ時を違《たが》えず、村木さんはこう続けた。

「今の仕事が、これまでのキャリア人生で最も充実しています。まだ、税理士資格も持っていませんし、補助的な職務なので現役時代に比べると待遇は悪くなりましたが、何よりもやりがいを感じることができます。会社勤めの時も、もとはやりがいや達成感を求めていたはずなのに、いつの間にか、人事考課の結果、つまり評価のランクを上げる、少なくとも落とさないようにするとか、とかく比べられやすい入社時から総合職の女性社員たちに追いつけ、追い越せで頑張るとか……日々の業績やミスの回避に躍起になっていたように思うんです。今が本来求めていた、働くということ、何かの役に立つ、ということなのかなと……」

「今が最も充実している」という今の職務にたどり着くまで、村木さんはどのようにしてさまざまな苦難を乗り切ってきたのか。中年期以降のキャリア人生と心の機微を届けたい。

## 一般職から総合職転換で課長に

村木さんへの継続インタビューは2007年、商品企画部の課長ポストに就いて数か月が過ぎた頃からスタートした。当時44歳で、勤務する会社では、課長昇進年齢の平均からすると少し遅くはあったものの、一般職で入社して転換試験を受けて総合職になった女性の課長就任はまだ数少なかった。

多種多様な商品を取り扱い、各所に華やかなディスプレイが施された店内とは対照的に、部屋の壁面に沿って商品の入った段ボール箱が所狭しと積まれた会議室に入ると、村木さんが「雑然としていて、店との落差に驚かれたでしょう」と、弾けんばかりの笑顔で迎えてくれたのを鮮明に記憶している。

「男女雇用機会均等法が施行された年に入社しましたが、厳密に言うと私は、『均等法第一世代』とは違うんです。入社時は一般職だったものですから……」

そう言って、少しおどけた表情を見せた。

「新たな時代のキャリアウーマンを象徴する総合職は、どんくさくて要領の悪い自分には向いていないと思い、一般職を選んだんです。それに、学生時代は総合職だと婚機を逃すと考えていたので……実際に逃して、今なお独身ですけどね。あっ、はは……」

関西出身で、大学では落語研究会に所属していたせいなのか、取材者が慎重になるような結婚などプライベートな話題も明るく笑い飛ばす。一瞬にして場の雰囲気を照らすような彼女の話し方や表情に助けられた気がした。

「均等法というチャンスをもらったにもかかわらず、なんで4年制大卒で総合職でなく一般職なんだ？　という世間の偏見が気になった時もありました。一般職なら、寿退社まで少しでも長く勤めてくれる短大卒を企業が好む時代でしたから。入社後7年間、経理事務の仕事には誇りを持って取り組みました。でも……徐々にもっと自分の能力を発揮してみたい、いずれは指導的地位に就いてみたいと思うようになって、30歳を目前に、上司の勧めもあって総合職への転換試験を受けたんです。総合職入社の人たちと比べるとハンデはありますが……一生懸命に頑張って、やっと課長に昇進させてもらったんです。もう、元来の性格のぼーっとしているところは葬り去って……う、ふふ……前進あるのみですね」

一般職から総合職、さらには課長昇進と、それぞれの節目で周囲からの重圧も感じたことだろう。持ち前の明るさと地道な努力で、キャリアを築いてきたことがわかる。

## 自分の生き方が「マイノリティー」に

気負うことなく、着実に実績を積み重ね、30代での大阪支社への転勤に続き、課長に就いてからも名古屋支社に3年間勤務した村木さんだったが、東京本社に戻った2011年頃から、いつもの明るさが日増しに減り、悩ましい表情を見せることが増えていった。

東京本社に戻って1年余りが過ぎた12年のインタビューでは、当時48歳の村木さんは慎重に言葉を選びながら、女性社員の働き方を含めたライフスタイルの変化を受容し、さらに推進しようとする会社の姿勢に対する戸惑いを明かした。取材者として、村木さんの苦悩がよほど気になったのだろう。当時の取材ノートには、彼女の語りと表情や身振りを克明に記録しながら、筆者自身の困惑の表現でもある「?·」記号が多用されていた。

「これまで管理職ポストに就く総合職女性は独身か、既婚者であっても子どもはいないケースがほとんどだったので、私のような独身の課長は社内では多数派で、『普通』だったんです。でも……課長に昇進して数年過ぎた頃から、子育てしながら働き、課長ポストに就く総合職女性が増え始めたんです。そして、今では、女性登用では子どものいる女性社員が優遇されているように思えてなりません。それで、そのー、自分の生き方がマイノリティーになりつつあるのがつらく……独身で生きていくことに不安も感じるようになって……仕事への自信もなくなり、塞ぎ込むことが多くなってしまいまして……」

彼女には似合わない、か細く消え入るような声で話すと、取材場所の喫茶室のテーブルに両肘をついてこめかみを押さえた。

村木さんが心療内科のメンタルクリニックで「軽症うつ病」の診断を受けて、会社を約１か月休職するのは、この取材の３か月後だった。現在は、企業は従業員のメンタルヘルス対策に力を入れ、「心の病」で欠勤、休職することは珍しくなくなっている。だが、当時は今ほど職場の理解は進んではいなかった。

職場復帰して2か月近く経った頃の取材では、やるせない胸の内を打ち明けた。

「入社以来、のろくてもいいから、歩みを止めずに進まなくては、と自分に言い聞かせてきた25年間でしたが……こんなにも脆《もろ》く、つまずいてしまうとは……思ってもみませんでした。もう、昇進する可能性は極めて低いと思います……」

うなだれる村木さんにかける言葉が見つからない。取材者として、不甲斐なく感じたのを思い出す。

## 自身で道を切り開くしかない

軽症うつ病は、治療を続けて1年ほどで主治医から「寛解《かんかい》」(病気が完全に治った治癒ではないが、症状が消失している状態)を告げられた。ただ、その後も2、3か月から数か月おきに、軽い抑うつ症状が一定期間出ることがあり、症状のある時のみ通院して精神安定剤を処方される、という状態が5、6年続くことになる。

休職からの職場復帰後、総合職に転換してから最も長く在籍した商品企画部で1年働いた後、総務部に課長職のまま異動した。総務部所属となってから数か月過ぎた２０１４年のインタビューでは、こう苦しい心境を明かした。

「無理をしているつもりはないんですが……仕事を頑張ろうとすると、集中できずに気分が沈んだり、体がだるく疲労感がひどくなったりということを繰り返してしまって……。結局、商品企画では以前のようなパフォーマンスを発揮できなくなったんです。会社員人生の終盤で何か、また新たな目標が見つけられればいいんですが……」

まだ笑顔が弾けていた頃の状態に戻ってはいないものの、少しずつながら確実に気持ちが上向いてきているようだった。

後からわかったことだが、この取材時の14年頃から、村木さんは一般職時代に7年間在籍した経理部への異動希望を出していた。ようやく16年、53歳の時にその希望が叶うのだ。一般職の時の業務とは異なり、課長として決算手続きや財務諸表の作成などの業務を担当し、指揮した。18年に55歳で役職定年を迎えた後も経理部に在籍し、23年に定年退職を迎えた。

心身の不調を経てたどり着いた経理部での経験が、定年後の歩み方に大きな影響を与えたことは言うまでもない。そうして、冒頭の語りへと続く。現在、税理士試験合格を目指し、実務経験を積みながら勉強に励む日々を送っている。

「一般職から総合職に変わって課長にもなり、新たな景色を見ることができたことはとても良かった。会社員人生の終盤になってもともと一般職で経験を積んだ経理の職務に今度は管理職として戻り、それが税理士を志すという定年後の新たな目標に発展したのですから……。人生って、ホント予想していなかった展開になるものですね。うっ、ふふ……。ただ言えるのは、先輩女性が築いた道がないという問題は、自分自身で新たな道を切り開いていくことでしか乗り越えられない、ということですね。また情熱を注げることがあって、私はラッキーだと思っています」

17年前に出会った頃の明るさが戻って安堵《あんど》するとともに、今なお挑戦を続ける姿が頼もしく思えた。

## ［ケース３］　「共感」でつながる女性の輪

### 12年のブランクを経て「再就職」

大学卒業後、総合職としてメーカーに就職した中本洋子《なかもとようこ》さん（仮名）は４年弱で退職。翌年に27歳で結婚し、家事、育児に専念した後、第二子が小学校２年生に進級したのを機に、かつて勤務した会社の子会社に、契約社員として再就職した。そんな彼女に出会ったのは２００３年、再就職から２年が過ぎた40歳の時だった。

「重々ご承知だと思いますが、私は均等法第一世代でありながら、能力を発揮することもできないまま、入社わずか数年で辞めた、よくあるパターンです。本人たちの忍耐力のなさなど世間から批判も受けましたが、私としては真剣に仕事と向き合ったつもりです。理想と現実のギャップに思い悩んだ末の決断だったんです。そんな自分の存在価値を示す手段が、結婚だった。当時の選択に後悔はしていません」

中本さんは取材開始早々、明瞭な口調でこちらをしっかりと見つめて言い切った。凛《りん》とした姿勢に少し圧倒された様子が、当時の取材ノートにも記載されている。

「再就職しようと思われた理由は何ですか？」

「もう一度、社会とつながりたいと思ったんです。家事、育児に専念していた期間はそれなりに充実していましたし、地域や子どもが通う幼稚園、小学校などで人との交流もありました。でも、そうした狭い範囲のコミュニティを超えた、もっと広い社会にやりがいを求めたと言いますか……。子ども2人とも小学校に通い、近くに住む母親も協力してくれ、ある程度、再び働きに出る環境が整ったので……。ただ……12年間もブランクがあったので、求職活動では苦労しました。結婚や出産を機に退職されて、再就職を希望される場合は、ブランクは数年以内がベターなようで……私の場合は、再び仕事をするかもわからないまま、子育てに追われていつの間にか時間が経ってしまっていた感じで……」

先ほどの口調とは異なり、再就職活動時の戸惑いや苦労に話が進むにつれ、わずかではあるが顔色が曇り、言葉にも窮するようになる。

「あっ、すみません……お話しする内容は整理してきたつもりだったんですが……。新卒で総合職で入社した会社を自分の意思で辞めたのですから、多少の困難は予想していましたが……転職エージェントに登録して活動しても長いブランクがネックとなってなかなか再就職先を見つけられず……。それで、退職後も交流させていただいていた元上司に相談し、子会社に欠員があるから採用試験を受けてみないかと紹介していただいたんです。子育てとの両立も考えて、転勤のない、本社勤務の契約社員にさせていただきました」

再就職までの経緯を説明し終え、ようやく落ち着いた元の表情に戻ったように見えた。消費者からの問い合わせや相談に対応する部署に在籍していて、再就職当初は「緊張の連続だった」と言うが、今では「暮らしにメリハリが生まれました」と語気を強めた。

## 非正規女性の環境改善に尽力

38歳で再就職してから契約更新を重ねて7年後の2008年、45歳の時に人事部に配属となる。前回の契約更新時に希望した配置転換が叶ったのだ。

消費者相談窓口の部署では、管理職の正社員男性3人のほかは非正規雇用の女性たちで、中本さんと同じ契約社員や派遣スタッフ、パート・アルバイトなどさまざまな雇用形態、年代の女性が働いていた。その中には、子育て中や家族を介護しているなど家庭と両立させているケースも少なくなかった。人事部への配置転換は、非正規で働く女性たちが少しでも快適に満足して働ける職場環境づくりに取り組みたいと考えたからだった。人事部に配属となって数か月経った頃のインタビューで、こう思いを明かした。

「長いブランクを経て再就職した当初は自分で仕事が務まるのか不安も大きかったし、子どもたちは小学校低学年と中学年でそこそこ手はかかる時期でしたので、高熱を出して急にシフトを代わってもらったりして……同僚の皆さんには大変助けていただきました。同じように家庭との両立で苦労しながらも頑張っている彼女たちの姿に励まされました。でも……皆さんがもっと生き生きと働けるようになるには、待遇や福利厚生の面など課題は多い。それで……何かしらお役に立てないかと……」

中本さんは、かつて総合職で入社した会社に勤務した約4年間の大半を人事部で過ごした。12年間のブランクがあるとはいえ、人事労務の知識・経験を踏まえ、再就職後の現場で感じた女性たちが家庭と両立させながら働き続けるうえでの問題点を、どうにかして改善したいという強い思いに駆られたようだった。

非正規雇用で働く女性たちの待遇改善や、多様で柔軟な働き方の導入に尽力し、14年には勤務する会社で限定正社員[*5]の制度が導入されることになる。最初に限定正社員となった数人のうちの一人が中本さんで、51歳の時だった。通常の正社員と比べると賃金など処遇面は劣るものの、無期雇用となるため、福利厚生も正社員とほぼ同様に受けられ、非正規社員よりも立場が安定するというメリットがある。

「やりました！　もちろんチームで成し遂げたことですが、正社員ではない、管理職でもない私の意見を取り入れてもらい、大きな達成感があります。一度仕事から離れ、地域や幼稚園などで、家庭の事情で働きたいけれど働けない女性たちの声を聞いた経験が生きているのかもしれませんね」

そう目を輝かせて限定正社員制度の導入決定を教えてくれたことを、昨日のことのように覚えている。

ちなみに、有期契約の労働者が同じ会社で通算5年を超えて働いた場合、無期労働契約に転換できる「無期転換ルール」が13年に施行された改正労働契約法で導入され、5年後の18年から効力が発生したが、限定正社員の制度はこの「無期転換」の受け皿ともなっている。

### 働く女性「ヨコ」のつながりで情報発信

人事部で8年間、限定正社員制度の導入をはじめ、非正規で働く女性たちの処遇改善などに取り組んだ後、中本さんは2016年、53歳の時に自ら希望して再就職時から7年間所属した消費者相談窓口に異動となった。その直後、異動を希望した動機を語った。

「人事部で積ませてもらった経験を今度は、再就職時の不安ななかで働く意欲を芽生えさせてもらった部署に生かしたいと思ったんです。ご恩返し、なんていうとおこがましいですが……多様な雇用形態で働く女性の皆さんの声を人事部、さらには会社の偉いさんにも届ける橋渡しもできればと考えています」

さらに、しばらく前から新たな活動も始めているという。

「実は、まだ始めて数か月ですが、働く女性たちのネットワークをSNSを介して築き始め、これから週末など仕事が休みの日に、体験談などを発表して意見交換するセミナーを開きたいと計画しているんです。今年度から女性活躍推進法が全面施行されたこともあり、すでに課長職に就いて育児との両立で悩む女性もいれば、独身で経済的な不安を抱えながら非正規で働く女性もいます。出世第一で上下関係を重視してきた男性と違って、女性は先輩・後輩や雇用形態の違いを超えて、共感でつながることができます。女性のライフスタイルについて考え、課題を解決するための手掛かりなどの情報を発信していければと考えているんです」

飽くなき挑戦は終わらない。新たな目標を見出し、成し遂げるために全力を注ぐ中本さんのバイタリティにはいつも感心させられてきた。そのなかでも、消費者相談窓口への異動の理由とともにこの時聞かされた、さまざまな雇用形態で、既婚か独身か、子どもの有無にかかわらず、多様な働き方、生き方をしている女性たちの「ヨコ」のつながりを広げ、ともに問題解決に向けて考え、支え合っていこうというネットワークづくりには、良い意味で意表を突かれた。

均等法第一世代として総合職で社会人の第一歩を踏み出しながらも、理想と現実のギャップに苦悩してわずか数年で辞職。長いブランクを経て再就職し、同じように家庭との両立をはじめ、自身のライフスタイルに思い煩う女性たちと触れ合いながら課題を見つけ、できることから少しずつ、でも着実に壁を乗り越えてきた。そんな中本さんだからこそ、実現し得ることなのではないか。そう痛感した。

この女性たちのネットワークを立ち上げた時点では、メンバーは20代から、上は中本さんと同じ50代前半までだったが、やがて齢を重ね、「定年女性」も仲間となっていくのである。

## 経験生かし、定年女性を支援

働く女性たちのネットワークから発信される問題提起や改善策などは、中本さんが指摘したように共感を呼び、開始から数年でみるみるうちに女性たちの輪は広がりを見せた。当初は不定期で年に1、2回の開催だったセミナーも、ほぼ月1回のペースで開くまでに増えた。体験談のほか、キャリアコンサルタントや社会福祉士などの資格を持つメンバーが手弁当で講演し、日々職場や家庭で抱える不安や悩みなどについて個別に相談に乗るブースを設けるなど、中身も充実させていった。

そして、中本さんはまた新たな挑戦に挑む。2020年、57歳の時、定年退職を機に個人事業主として人材紹介業を始める決断をするのだ。定年まで残り約2年半、その準備と組織の活性化のため、働く女性のネットワークの中心的な役割を後進に譲ったという。

「人事部から消費者相談窓口に戻り、働く女性たちのネットワークの活動を始めた頃から、漠然とではありますが……定年後こそ何か、お役に立てることがあるんじゃないかと考えるようになって……人材紹介業の立ち上げを思い立ったんです。育児や介護との両立、独身での経済的不安などさまざまな家庭・私生活の環境で、いろんな働き方をしている女性たちが、定年後も含めて、やりがいを持って仕事に取り組めるようにお手伝いをしたいと。そう考える一番のきっかけは、私自身も含めてネットワークのメンバーに定年前後の女性たちが増え、意見交換をするなかで、働き続けたいけれどこれまで以上に戸惑いや不安が大きいことがわかったことですね。もちろん、これからもネットワークの活動を応援していきますよ」

定年後に個人事業主として人材紹介業の免許を取得し、事業を開業することに関しては、当初、大学の2年先輩である夫は不安視していたが、話し合いを重ねる過程で、「私の熱意に押し切られたようでした」と中本さんは笑みを浮かべて教えてくれた。免許取得など開業準備に向け、定年後再雇用で働く夫は何かと協力してくれ、「とても心強い」とも明かした。

そうして、定年退職から数か月を経た23年秋、中本さんは人材紹介業の免許を取得し、シェアオフィスを事務所に事業をスタートさせた。ちなみに、シェアオフィスやレンタルオフィスでの開業が可能になったのは、17年の人材紹介業の事務所要件緩和によるものだ。

開業から半年が過ぎた24年春、61歳の中本さんはこれまでのキャリア人生を振り返った。

「私の場合は再就職してからが、実り多い本当の意味でのキャリア人生のスタートでした。それまでなら、とても思い浮かばなかったようなアイデアが次々と浮かんで、実践して……ということの繰り返しで、今があるように思うんです。だから……勇気を出して40歳手前で再就職して本当に良かったです。今は多様で柔軟な働き方が広がっていますし、いったん仕事を辞めた人も再就職を諦めないでほしい。そして、これからますます増えていく定年女性についても、私自身の経験を生かして支援し、求人者と求職者のニーズを十分に把握したうえで、ハッピーなマッチングにつなげていきたいと考えています」

二十余年に及ぶ継続取材の中で、最も清々しい表情に見えた。

## ロールモデル不在からの挑戦

### 出産退職と正社員での再就職困難

正社員で管理職も経験しながら、定年まで勤める女性が現状ではかなり少ない背景には、男女雇用機会均等法が施行後、間もない時期に総合職として入社した「均等法第一世代」の大卒女性が2023年度から定年を迎え始めたばかりであるという点だけでなく、正規か非正規か、総合職か一般職かにかかわらず、女性は出産、育児で離職するケースが多い点が挙げられる。

国立社会保障・人口問題研究所の「出生動向基本調査」から、女性の第１子出産後の継続就業率（第１子出産前に無職を含む女性に占める割合）を時系列でみると、最新の調査結果の15～19年で53・８％、さらに出産前有識者を１００として算出した継続就業率は69・５％である。女性の仕事と家庭の両立や管理職登用が叫ばれる昨今において、いまだ第１子出産前に仕事に就いていた女性の約３人に１人が離職している現実は、就業継続には課題が山積していることを物語っている。

これが均等法第一世代の女性たちの時代まで遡ると、第１子出産後の継続就業率は１９９０～94年は24・４％（出産前有識者を１００として算出：39・３％）、95～99年は24・２％（同38・１％）にとどまる。第１子出産をきっかけとする退職に至っては90～94年が37・７％（出産前有識者を１００として算出：60・７％）、95～99年が39・３％（同61・９％）に上る。出産後の就業継続が、当時は今よりはるかに困難であったことがわかる。

今でもいったん出産、育児などを理由に退職した女性の再就職は難しく、正社員での職を求めても叶わず、不本意ながら非正規の職に就いている女性も一定割合を占める。無論、家庭との両立などさまざまな理由で自ら非正規を選んでいる女性もいる。総務省統計によると、

２０２３年の非正規雇用で働く女性は53・２％（女性の役員を除く雇用者に占める非正規の職員・従業員の割合）と過半数を占めているのが現状だ。

このような状況により、現時点では正社員で管理職も経験した女性社員が定年退職後にどのようなセカンドキャリアを歩むのか、模範となるようなロールモデルがほとんど存在しないという問題を労使双方が抱えているのである。

## 職場環境の変化に柔軟に対応できるか

本章では職場環境や精神面で数々の壁にぶち当たりながらも、働くことに情熱を注いできた「均等法第一世代」の女性たちの３つの事例を紹介した。入社時から総合職、一般職入社から総合職への転換、総合職を数年で辞職後、ブランクを経て契約社員として再就職（その後限定正社員）と、雇用形態や働き方は異なるものの、いずれの事例も社会が求める新たな女性の働き方、生き方の規範に少なからず翻弄《ほんろう》されてきたことは共通していた。そして、いかに職場環境などの変化に柔軟に対応し、労働に関する価値観を前向きに転換できるかどうかが、定年後の働き方の明暗を分けた大きな要素だった。

最初に紹介した横沢さんは、均等法第一世代に対する世間の好奇の眼差しにも屈することなく、「仕事ひと筋」で独身を貫いて部長にまで昇進したが、子育てと両立させながら管理職を目指す女性社員が増え始めたことに嫌悪感を抱くようになり、マネジメント力にも支障をきたした結果、女性部下からパワハラ行為で訴えられてしまう。その後も役職延長を重ねたものの、役職定年を機に57歳で自ら職を辞し、「自分を見失い、燃え尽きてしまった」と嘆いた。

一方、２番目の事例の村木さんは一般職で入社し、29歳で総合職に転換して44歳で商品企画部の課長職に就いたが、「独身で生きていくことに不安を感じ」、「仕事への自信もなくなり」、心の病で１か月の休職も経験した。だが、53歳でもともと一般職時代に在籍した経理部に自ら希望して異動し、課長として財務諸表の作成など一般職の時に比べて高度な職務経験を重ねる過程でセカンドキャリアの目標を見つけた。ロールモデル不在の壁も、「自分自身で新たな道を切り開いていくことでしか乗り越えられない」と言い切った。定年を機に税理士事務所に税理士補助として勤務し、税理士資格取得のために日夜勉強を続けている。

そして最後に紹介した中本さんは総合職で入社した会社を４年弱で辞職して翌年に結婚し、育児に専念した後、12年のブランクを経て再就職した。消費者相談窓口で家庭の事情を抱えながら、非正規雇用で働く女性たちと出会ったことがきっかけとなり、人事部で非正規の待遇改善に取り組み、限定正社員制度導入に尽力した。導入時に自らも勤務地を限定した正社員となった。53歳の時に消費者相談窓口に戻って定年まで勤めたが、この間に働く女性たちのネットワークづくりとセミナーなど交流の場を運営する活動に取り組む。定年退職を機に、「定年後こそお役に立てることがある」と個人事業主として人材紹介業を開業するのだ。

本書で紹介しきれなかった取材協力者の女性たちも含め、道なき道を自ら切り開こうと、時に立ち止まり試行錯誤を重ねながら、果敢に挑む彼女たちの姿は実に凛々《りり》しかった。

## 定年に近づくほど高まる就業継続意思

女性は定年後の就業継続の意向が強く、さらに同じ会社での勤務を続けたいと考えるケースが多いことが、調査からも明らかになっている。

日本総合研究所が２０２２年、東京圏で働く45〜59歳の女性１０４２人（正規雇用８２５人、非正規雇用２１７人）を対象に実施した「女性の定年に関する調査報告」によると、全体の74・7％が「（今の会社で）勤め続けたい」と回答した。「転職したい」という回答は

**図７　働く女性の就業継続意思**

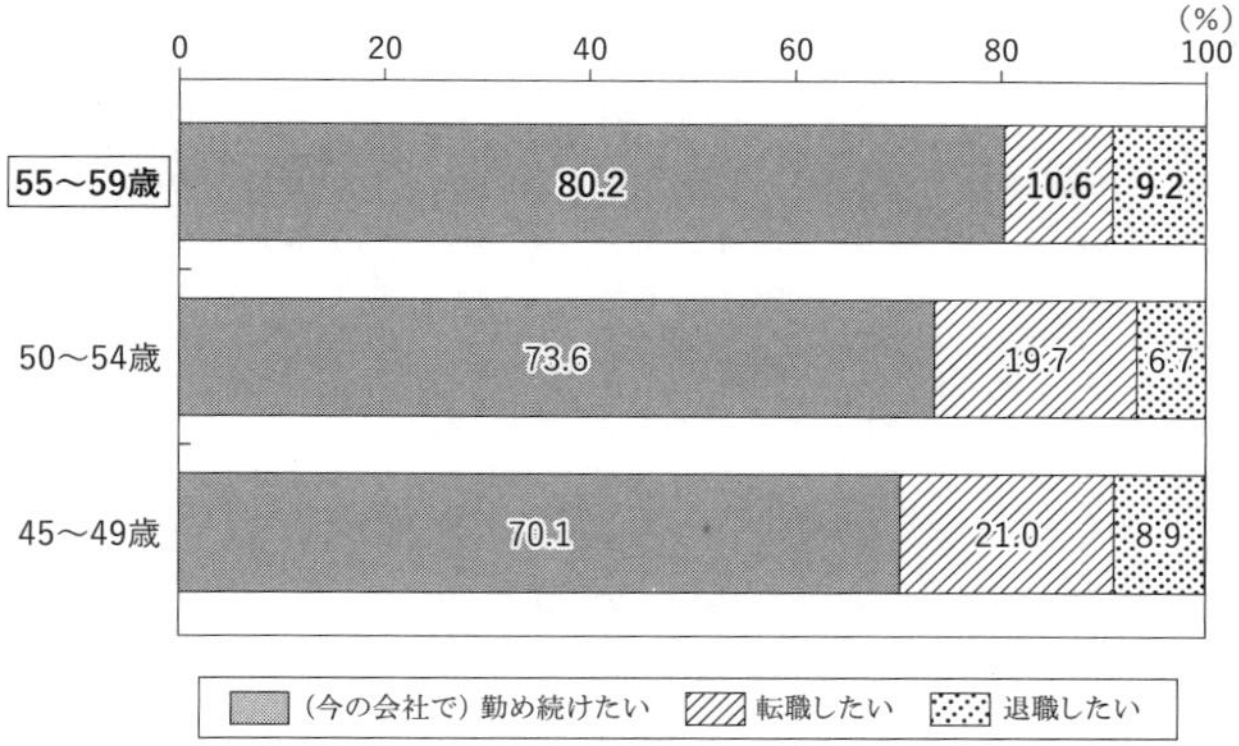


出所）「女性の定年に関する調査報告」（日本総合研究所 2022）より

17・1％で、「退職したい」はわずか８・３％だった。年代別に見ると、55～59歳の「勤め続けたい」が80・２％で最も高く（50～54歳は73・６％、45～49歳は70・１％）、定年が近づく女性ほど就業継続の意思が強いことが浮き彫りとなった（図７）。

無論、従来も定年まで勤務する女性はいたが、多くの場合は管理職に就いた経験がなく、定年退職の後、雇用契約を結ぶ再雇用で働き続けても、定年後再雇用の男性たちが直面するような、働き方の理想と現実のギャップや、希望する職務と雇用主側が求める人材のミスマッチなどはそれほど大きくはなかった。

しかしながら、今後は男性の管理職経験者が定年後の再雇用で働くモチベーションが下がり、パフォーマンスも低下するという深刻な問題が、女性の間にも少しずつ広がっていくことは間違いない。

役職を経験した女性の定年退職者のロールモデルがほとんど存在しないという点は、もはや企業が女性のセカンドキャリアの人事制度設計や支援に二の足を踏む理由にはならない。定年後再雇用の場合は第1章でも述べたように、男性同様に人事制度改革が必要であることは言うまでもない。さらに更年期による心身の不調や、就業中断を含めて多様な働き方、生き方のプロセスを経てセカンドキャリアを迎えることになるシニア女性特有の現状を踏まえ、柔軟な制度設計、運用の工夫も必要だろう。

1つ目の事例の横沢さんが女性部下から「パワハラ」で訴えられたことを擁護するわけでも、2つ目の事例の村木さんの軽症うつ病の診断を疑うわけでもないが、焦燥感や抑うつなどの症状が現れる更年期が、多少なりとも職務遂行に悪影響を及ぼしていた可能性もある。

## 女性のセカンドキャリア支援の重要性

さらに働く女性たちの主な特性としては、最後に紹介した中本さんの語りにもあったように、出世を志向してタテの上下関係を重視してきた男性たちと異なり、共感でつながるヨコの関係性を尊重する傾向が強いことである。英国の心理学者、サイモン・バロン＝コーエンは認知機能の性差に着目し、女性は「共感」、男性は「システム化」というそれぞれの特徴を分析した。[*6]男性は感情よりも原因究明や問題解決を重視し、競争や権力に価値を求めるため、命令する上司とそれに従う部下の関係性を自明の理と捉える傾向にあるのに対し、女性は物事の仕組みよりも、相手の気持ちを理解し、共感しようとするため、上下関係よりもヨコの関係を得意とするというわけだ。

また、出産・育児を契機とする離職からの再就職、有期雇用から無期雇用、一般職から総合職への転換など、就業中断も挟みつつ、複数の働き方、雇用形態を経験してきたケースも少なくない。このため、柔軟な働き方や職務配置・内容の変化にも順応しやすいとも言えるだろう。

さらに、女性は男性よりも、現役時代から、やりがいや達成感など内発的に動機づけられた労働を志向する傾向が強い。先述の日本総合研究所の調査でも、現在のキャリア意識について、「喜びや充足感を得るために働くことが重要だ」（48・4％）が、「自分の能力やスキルを活かすために働くことが重要だ」（50・5％）に次いで2番目に多かった（複数回答）。

内発的動機づけによる労働は、セカンドキャリアの形成に向けて長所と短所を併せ持つ要素でもあることは、第4章でも述べた。つまり、賃金など処遇の悪化を伴う再雇用などでは有利に働く可能性が高い一方で、働くことにのめり込み過ぎ、労働のリスクに無防備になってしまう可能性がある。最初に紹介した横沢さんがさまざまな事情や思いがありながらも、最終的に役職定年時に辞職を選んだ背景に、やりがいを求め過ぎた点もあったように。

雇用主である企業は、前例の乏しさに囚われることなく、働くシニア女性たちの多様な働き方の希望を踏まえ、培ってきた能力・スキルや経験を生かしつつ、積極的にセカンドキャリアの場を提供し、支援していかなければならない時に来ている。

＊1　筆者は男性にも男性ホルモン（テストステロン）の低下に伴って更年期の症状が現れる場合があると捉えて二十数年前から取材を続けているが、男性は症状の出現の有無に個人差がある。これに対して、女性は多くで更年期を経験し、定年後を考え始める時期とも重なる。

＊2　２００８年に労働契約法の条文に「仕事と生活の調和にも配慮しつつ」労働契約を結ぶ、という文言

が盛り込まれたことも、ワーク・ライフ・バランスという言葉・概念が社会に浸透するきっかけとなった。

＊3　女性の職業生活における活躍の推進に関する法律。10年間の時限立法。16年から女性管理職比率の数値目標などを盛り込んだ行動計画の策定・公表が、常時雇用する労働者301人以上の大企業に義務づけられた。19年の改正法施行により22年から義務づけの対象が、同101人以上300人以下の中小企業にも広がった。同100人以下の事業主は努力義務。

＊4　女性が女性部下を敵と見なして手厳しく対応する現象。男性優位社会で努力して指導的地位を獲得した女性ほど、自分より職場で下位の有能な女性を自身の地位を脅かす存在と見なすという。女王蜂がライバルとなるメスと敵対する習性から名づけられた。米国・ミシガン大学の心理学者3人が発表した論文で初めて登場した概念で、1970年代に欧米で話題になった。

＊5　一般的な正社員と異なり、勤務地や職務内容、労働時間などを限定した正社員を指す。柔軟な働き方のひとつとして導入されるようになった。

＊6　Baron-Cohen, Simon (2003), *The Essential Difference: The Truth About the Male and Female Brain*, New York: Basic Books.（＝2005、『共感する女脳、システム化する男脳』三宅真砂子訳、NHK出版）。

# 終　章　シニア人材戦力化に向けて

定年後の働き方について、本書では雇用される側として再雇用（第1章）と転職（第2章）、さらに雇われない働き方としてフリーランス（個人事業主）（第3章）、稼がない（または薄給の）働き方として、NPO法人などでの社会貢献活動（第4章）、そして管理職を経験したロールモデルに乏しい女性の定年後（第5章）――について、各章、長期間の継続取材事例を紹介しながら、セカンドキャリアの明暗を分けた働き手の取り組み・姿勢や定年後労働への価値観などについて考えてきた。

終章では、各章で紹介したシニア世代の異なる働き方から共通する課題を抽出し、労使双方にとっての改善策や意識改革などについて整理したい。

## シニアに不可欠なポータブルスキル

まず、いずれの働き方においても重視して向上させるべき能力が、業種や職種が変わっても持ち運びできる、つまりどの会社でも通用する職務遂行上のスキルである「ポータブルスキル」である。ポータブルスキルは厚生労働省によると、職種の専門性以外で、9要素あるという。主なものを挙げると、現状把握のための情報収集・分析力や課題設定・計画立案能力、社内外の対人関係・コミュニケーション能力などだ。

社会人であれば経験を積むなかで誰でも身につけているスキルに見えて、実際には職務を遂行する過程で勤務する会社でしか通用しない「ファーム・スペシフィック・スキル」に上書きされているケースが少なくない。ファーム・スペシフィック・スキルには、部署間の調整能力、いわゆる「根回し」力や、自社の事業、商品の説明能力などが該当する。

ポータブルスキルは、その汎用性がいかに重要かを認識し、どの部分が不十分で課題があるかを自己点検したうえで、日々の業務で意識して経験を積みながら磨いていくしかない。社内外に伸ばしたいスキルが得意な人がいれば、行動を観察して参考にする方法もあるだろう。

終身雇用、新卒で正社員を一括採用して定年まで長きにわたり雇用する「メンバーシップ型」という日本固有の雇用環境により、現在定年を迎えている世代は勤めていた会社1社でのみ通用するファーム・スペシフィック・スキルしか持ち合わせていないケースが多い。

定年退職後に雇用契約を結ぶ再雇用であれば、同じ会社で働き続けるため、一見、ポータブルスキルへの注力は不要なようでもある。しかしながら、定年後にシニア人材が望む仕事と、会社が求める人材という、需要と供給が必ずしもマッチングするとは限らず、むしろミスマッチが生じているケースも少なくない。入社から定年まで経験を積んできた分野とは異なる部署に配属され、職種が変更になるケースも往々にしてある。

転職やフリーランスになると、なおいっそう汎用性のある職務遂行能力が求められる。現在、事業主に継続雇用などが義務づけられた年齢である65歳を過ぎても働き続けられる企業は少なく、就業を継続したければ、雇用されるか事業者になるかにかかわらず、自分で職を探さなければならない。その求職の際、ポータブルスキルは必須条件となる。

## リスキリングと「ジョブ型」雇用

ポータブルスキルに加え、シニア世代が働き続けるうえで必要なのが、高い専門的能力である。シニアにとって、ポータブルスキルと専門性は、セカンドキャリア開拓のために不可欠な2大要素と言えるだろう。

専門性を高めるには、新たな知識やスキルを習得するリスキリングが非常に重要となる。ただそこで問題となるのが、シニア社員は企業が従業員向けに行う研修の対象から外れるケースが大半であることだ。一方、個人でスキルアップを図ろうにも、具体的に何を学び、どの技能を習得して伸ばせばいいのか、わからない場合も多い。その結果、自ら能力開発に積極的に取り組んでいる人は少ないのが実情なのだ。

いかに労働者自らが能力開発に努め、それに対して雇用主である企業が支援を惜しまずに行えるかがカギとなる。

政府は2023年6月に閣議決定した「経済財政運営と改革の基本方針（骨太の方針）」で、「リスキリングによる能力向上支援」「個々の企業の実態に応じた職務給の導入」「成長分野への労働移動の円滑化」による三位一体の労働市場改革を示した。能力開発を基軸に、職務給[*1]、労働移動のシステムを相乗的に機能させ、賃金を増加させる労働市場の構築を目指すというものだ。

職務給は、職務内容に適した人材を採用する「ジョブ型」雇用[*2]の賃金制度である。ジョブ型をうまく機能させるためには、労働者自身が職場環境の変化に対応しながら主体的、かつ継続的に学び、能力開発やキャリア形成に取り組む「キャリア自律」が欠かせないが、実態としてはなかなか進んでいない。例えば、シニアの転職困難には労使双方に問題があるが、ジョブ型が普及すれば、企業側は能力と実績が職務内容に合っている人材であれば、年齢の壁に囚われて尻込みすることなく、採用するようになる可能性がある。

国は24年度、企業と個人向けのリスキリング支援を拡充する。企業向け支援の運用面は無論、雇用主に委ねられているが、シニア社員の有効活用とともに、その先も見据えたセカンドキャリアを支援するためにも、積極的なリスキリング機会を提供するべきだ。

企業向けリスキリング支援の主な具体策を挙げると、研修の経費や研修期間中の賃金の一部を助成する「人材開発支援助成金」の助成額が24年4月から引き上げられた。特に、大企業に比べて人的資源・資金に限りのある中小企業の従業員のリスキリング推進に力を入れている。

個人向け支援は、再雇用の主たる雇用形態でもある非正規労働者が、働きながらパソコン業務やデジタル分野の職業訓練を受けることを支援する事業も始める。オンライン形式とスクーリング形式の双方を活用することで、受講しやすさとモチベーション維持にも配慮する。

## 人的資源管理・経営と人事制度改革

日銀が発表した２０２４年３月の全国企業短期経済観測調査（短観）でも、人手不足が依然として深刻であることが明らかになっている。シニア社員は今や、人手不足を補うだけでなく、社業に十分に貢献し得る人材だ。戦力化を図る時に来ている。

シニア社員の戦力化には、人的資源を重んじる組織体制と人事制度改革が重要であると、筆者は考える。従来の人事労務管理[*3]から、ヒト、モノ、カネ、情報という4つの経営資源のひとつの「ヒト」が最適な状態でパフォーマンスを発揮できるように、人材を活用する仕組みである「人的資源管理」、さらに人的資源を企業価値の向上につなげる経営である「人的資源経営」へと、労働者と経営側の関係性を捉え直すべきである。人的資源を重視した人事管理と経営は、シニア社員がそれまで培った経験やノウハウ、人脈を生かしつつ、新たな技能を磨き、職務遂行能力を向上させるために有効だ。

人材を資本と捉えて投資し、その価値を引き出す経営スタイルである「人的資本経営」も広がりを見せており、NECや三井化学などは23年から、従業員の「エンゲージメント[*4]」(働きがい)を役員報酬に連動させる仕組みを導入した。こうしたヒトを経営の根幹として重んじる取り組みが、他の大手や中小企業にも波及することが望まれる。

人的資源、人的資本を重視した経営理念のもと、シニア社員のやる気を引き出し、戦力化するために不可欠なのが、等級、人事評価、賃金の三本柱からなる人事制度の改革である。

定年後の再雇用者だけでなく、転職者も含め、シニアを対象とする、職務や役割、能力によってランク分けする等級制度を設けて等級に応じた人事評価を行ったうえで処遇を決定する仕組みが必要だ。

先に述べた能力開発のための研修と同様、定年を迎えて再雇用に移行した途端、現役時代に適用されていた等級制度からは対象外となり、人事評価も行われないケースがほとんどだ。成果報酬、多面評価などを取り入れているような企業であっても、定年後は通常の人事制度から排除される。

査定によって給与のアップもダウンもあることで、目標を設定してそれに向かって職務に取り組むモチベーションの維持、向上にも効果的であると考えられる。これが、期待される能力や役割が不明瞭なために、どのような技能を身につけて伸ばせばいいのかわからない、といったリスキリングに対するためらいの解消にもつながる。

このような現役並みの人事制度はすべての定年後のシニア社員に適用するのではなく、パートタイム勤務など時間や職務内容を自ら制限する場合など、働き手の希望に応じて、複数の働き方の選択肢を設けたうえで、そのひとつとして導入する必要がある。

## 内発的動機づけへ価値観の転換を

定年後に賃金など処遇が悪化し、働く意欲が低下する背景には、シニア社員自身にも問題があり、働くことに対する考え方や価値観を変えることも重要である。ポジションや評価などに固執するのは、出世競争での勝利や社会的評価の獲得といった、旧来の「男らしさ」規範に縛られている面も強い。

また、男女問わず、人生やアイデンティティーに不安や葛藤を抱く「中年の危機（ミッドライフ・クライシス）」が長引き、定年を境に、抑うつ症状などの心理的危機の新たな波が押し寄せるケースが増えていることも背景にある。女性の場合は更年期とも重なる。

働くことの意味や労働に関する価値観を、地位や評価、報酬などの外発的に動機づけられた労働から、やりがいや達成感といった内発的に動機づけられた労働へと転換することも必要だ。どの働き方であるかにかかわらず、前向きにセカンドキャリアを歩んでいるシニア世代の取材事例の中でも、人や社会の「役に立つ」という言葉を繰り返し口にし、そのことに満足感や充実感を抱いていることが、働き続けるモチベーションになっている人は多かった。

特に社会貢献では無給、もしくは薄給のために内発的動機づけが活動の根底を支えている度合いが大きい。ただ、内発的に動機づけられた労働・活動は、集中してエネルギーを仕事に注ぐという長所がある一方で、「自己目的化」により、働くことのリスクに無防備で視野が狭くなり、入れ込み過ぎてしまう短所があることも先に述べた。内発的動機づけの短所も理解したうえで、長所を効果的に職務、活動に生かしてみてはいかがだろうか。

## ポストシニアや若年層にも好影響

老齢厚生年金の支給開始年齢の引き上げや、高年齢雇用継続給付の縮小・廃止に伴い、企業はより抜本的な賃金制度改革とともに、定年の引き上げなどの必要にも迫られるだろう。経済協力開発機構（ＯＥＣＤ）は２０２４年１月、対日経済審査の報告書で、定年の廃止を、人口が減少する日本で働き手を確保する改革案のひとつとして提言した。また、政府の「新しい資本主義実現会議」も同2月、年齢に関係なく能力の高い人材の処遇を改善するため、定年制の廃止や定年年齢の引き上げが必要であると提起した。ただ企業が年功序列から成果主義型の賃金体系に改め、ジョブ型雇用の導入を含めた人事制度改革を実現できないままでは、安易に定年制廃止に動くのは拙速な面も否めない。

定年後の再雇用、転職での雇用、フリーランス（個人事業主）への業務の発注など、企業がさまざまな事業で関わるシニア人材のモチベーションを高めて有効活用することは、近い将来定年を控えたポストシニア層やロールモデル不在で戸惑う定年女性の意欲向上、さらには若年層の離職率の低下にもつながる。生産性向上や職場の活性化、業務の効率化など、シニア人材が企業活動、日本経済全体に及ぼす影響は、今後なおいっそう大きくなっていくに違いない。

30年超ぶりの日経平均株価の最高値更新と高い賃上げ率、そしてマイナス金利政策解除と、日本経済が「失われた30年」と決別し、重要な転換期を迎えている今、荒野を切り開くパイオニアとして労働市場に果敢に挑むシニア世代に心からエールを贈りたい。

＊1　社員の年齢や勤続年数に関係なく、従事する仕事の内容や実績の職務評価をもとに給与を決定する「職務給」に対し、社員の年齢や勤続年数、職務遂行能力への評価をもとに給与を決める仕組みが「職能給」。日本企業では旧来、勤続年数が長くなるほど賃金が上昇する年功序列を前提とした職能給

を採用してきたが、この20年ほどの間に成果主義型の賃金形態である職務給、役割給へとシフトする企業が増えている。

＊2　日本経済新聞が2022年に実施した調査では、有効回答を得た上場・有力非上場の計813社のうち、ジョブ型雇用を導入している企業は11％、導入を予定している企業は12％だった。主な企業を挙げると、20年にKDDI、富士通、三菱ケミカル、資生堂、21年に日立製作所、22年にリコーなどが導入を開始しており、最近では24年から三菱電機が管理職やエンジニアなど高度専門職を対象に導入した。

＊3　人材を労働力やコストと捉え、利益の最大化を図るために労働者を管理する従来の仕組み。

＊4　仕事に対して、前向きで充実感を抱いている心理状態を指す。

# おわりに

「もはや『バブル後』ではない」――。東京株式市場で日経平均株価が3万9098円で終え、1989年12月以来34年ぶりに最高値を更新した2024年2月22日（その後も最高値更新）翌日の、日本経済新聞朝刊1面の解説記事の見出しに、20代半ばでバブル崩壊を経験してからの「失われた30年」、試行錯誤しながら歩んできたわが人生が走馬灯のようによみがえり、胸が熱くなりました。

2024年の春季労使交渉でも、連合の第6回回答集計（6月5日公表）の賃上げ率は平均5・08%（基本給を底上げするベースアップ〈ベア〉と定期昇給を合わせた賃上げ率）で、約30年ぶりの高水準となりました。

日銀短観では依然として深刻な人手不足が浮き彫りとなるなど、先行きは楽観視できませんが、日本経済の新たなステージの幕開けと捉えてもいいのではないでしょうか。

そんななか、定年退職を迎え始めているのが、バブル世代です。この「失われた30年」の間、景気動向だけでなく、さまざまな社会構造の変化の波にのまれ、価値観の転換に迫られながらも懸命に歩を進め、今セカンドキャリアを切り開こうとされている方々に、同じ世代として、心揺さぶられずにはいられません。本書がシニア層の皆様の苦悩を少しでも軽減し、私生活を含めた第二の人生を好転させるため、微力ながらお役に立てることができれば、このうえなき幸せです。

これからも私は、取材対象者の方々の声にならない慟哭《どうこく》を全身全霊を傾けて受け止め、その苦しみにどこまでも寄り添っていきたいと思っております。

取材協力者の皆様には、作品として発表されるかどうか未定の段階から長きにわたって私に貴い想いを託していただき、改めて厚くお礼申し上げます。さまざまな壁に直面し、もがき苦しみながらも、必死に前を向いて立ち上がろうとする皆様の姿に、私自身が心救われ、溢れんばかりの勇気をいただきました。職場や社会の矛盾を世に問う代弁者に私を選んで良かったと思ってもらえるよう、己の使命を果たせるよう、残り限られたキャリア人生、精進を重ねてまいります。

そして、慌ただしい日々のなかで本書を手に取り、ご覧になってくださった読者の方々、本当にありがとうございます。

最後になりましたが、光文社新書編集部の小松現・編集長には大変お世話になりました。また、教育、研究、社会貢献の任務を与えていただいている近畿大学教職員、並びに協働する行政、団体関係者の皆様に敬意を表します。

2024年6月

奥田祥子

本文図版制作　デザイン・プレイス・デマンド
目次・章トビラ・見出しデザイン　板倉　洋

奥田祥子（おくだしょうこ）
京都市生まれ。近畿大学教授、ジャーナリスト。博士（政策・メディア）。元読売新聞記者。米ニューヨーク大学文理大学院修士課程修了。慶應義塾大学大学院政策・メディア研究科博士課程単位取得退学。専門は労働・福祉政策、ジェンダー論。シニア人材戦力化の課題、介護離職問題、男性の育休等に対する嫌がらせ行為「パタハラ」、男性のためのジェンダー平等政策、労働問題の医療化等を研究。最長で二十数年にわたり、同じ取材対象者に継続的にインタビューを行う。取材対象者総数は男女計1500人を超え、うち半数に対して継続的に取材している。主な著書に、ベストセラーとなった『男はつらいらしい』（新潮新書、講談社＋α文庫）、『男性漂流』（講談社＋α新書）、『「女性活躍」に翻弄される人びと』（光文社新書）などがある。

等身大《とうしんだい》の定年後《ていねんご》　お金《かね》・働《はたら》き方《かた》・生《い》きがい

2024年7月30日初版1刷発行
2024年9月5日　　2刷発行

著　者 ── 奥田祥子
発行者 ── 三宅貴久
装　幀 ── アラン・チャン
印刷所 ── 萩原印刷
製本所 ── ナショナル製本
発行所 ── 株式会社光文社
東京都文京区音羽1-16-6（〒112-8011）
https://www.kobunsha.com/
電　話 ── 編集部03(5395)8289　書籍販売部03(5395)8116
制作部03(5395)8125
メール ── sinsyo@kobunsha.com

R ＜日本複製権センター委託出版物＞
本書の無断複写複製（コピー）は著作権法上での例外を除き禁じられています。本書をコピーされる場合は、そのつど事前に、日本複製権センター（☎ 03-6809-1281、e-mail : jrrc_info@jrrc.or.jp）の許諾を得てください。

本書の電子化は私的使用に限り、著作権法上認められています。ただし代行業者等の第三者による電子データ化及び電子書籍化は、いかなる場合も認められておりません。

落丁本・乱丁本は制作部へご連絡くだされば、お取替えいたします。
© Shoko Okuda 2024 Printed in Japan ISBN 978-4-334-10375-0

1298
## 漫画の未来
明日は我が身のデジタル・ディスラプション《破壊的変革》

小川悠介

スマホ向け漫画「ウェブトゥーン」の台頭に、絵を自動で描く「生成AI」の進化。デジタル時代に、漫画はどこへ向かうのか？ 取材を重ねた記者が、経営・ビジネスの観点からその未来図を探る。

978-4-334-10225-8

1299
## 死なないノウハウ
独り身の「金欠」から「散骨」まで

雨宮処凛

失職、介護、病気など、「これから先」を考えると押し寄せる不安……。各界の専門家に取材し、役立つ社会保障制度などを紹介する、不安な人生をサバイブするための必須情報集！

978-4-334-10226-5

1300
## 〈共働き・共育て〉世代の本音
新しいキャリア観が社会を変える

本道敦子　山谷真名
和田みゆき

当事者インタビューで明らかになった、〈共働き・共育て〉を志向するミレニアル世代の本音、そして子育て中の男性の苦悩。当事者、そして企業が取るべき対策とは？【解説・佐藤博樹】

978-4-334-10249-4

1301
## 子ども若者抑圧社会・日本
社会を変える民主主義とは何か

室橋祐貴

変化の激しい時代に旧来の価値観で政治が行われ、閉塞感が漂う日本。先進諸国で若い政治リーダーが台頭している中、なぜ日本だけ変われないのか？ 若者が参加できる民主主義を示す。

978-4-334-10250-0

1302
## 子どものこころは大人と育つ
アタッチメント理論とメンタライジング

篠原郁子

ボウルビィが提唱したアタッチメント（愛着）は、子どもにとって重要なすべての大人との間に形成されうる。心で心を思うこと《メンタライジング》をベースに、アタッチメント理論をわかりやすく解説する。

978-4-334-10251-7

1303
## 頭上運搬を追って
失われゆく身体技法
三砂ちづる

今の日本では失われつつある身体技法「頭上運搬」。沖縄や伊豆諸島ほか日本各地や海外にその記憶と痕跡を訪ねる。生活や労働を支えた身体技法と、自らの身体への理解や意識を考察。

978-4-334-10252-4

1304
## 定点写真で見る　東京今昔
鷹野晃

江戸・明治・大正・昭和――。東京はいかに変貌したのか。東京を撮り続けて40年の写真家が、「定点写真」という手法を用いて破壊と創造の首都を徹底比較。写真451点収録！
978-4-334-10253-1

1305
## バッタを倒すぜ　アフリカで
前野ウルド浩太郎

世界中を飛び回り、13年にわたって重ねてきたフィールドワークと実験は、バッタの大発生を防ぐ可能性を持っていた！　新書大賞受賞、25万部突破の『バッタを倒しにアフリカへ』続編。

978-4-334-10290-6

1306
## 中日ドラゴンズが優勝できなくても愛される理由
喜瀬雅則

2年連続最下位でも視聴率と観客動員は好調。なぜ順位と人気は相関しないのか？　優勝の可能性は？　立浪監督はじめ多くのOBや関係者への取材を基にしたドラゴンズ論の決定版。

978-4-334-10291-3

1307
## ダーウィンの進化論はどこまで正しいのか？
進化の仕組みを基礎から学ぶ
河田雅圭

『種の起源』刊行から一五〇年以上がたった今、人類は進化の仕組みをどれほど明らかにしてきたのか。世に流布する進化の誤解も解きほぐしながら、進化学の最前線を丁寧に解説する。

978-4-334-10292-0

1308
## 中高生のための「探究学習」入門
テーマ探しから評価まで
中田亨

仮説を持て、さらば与えられん！　アイデアの生み出し方、調査や実験の進め方、結果のまとめと成果発信、安全や倫理等を具体的にガイド。研究者の卵や大人にも探究の面白さを伝える。

978-4-334-10293-7

1309
## 世界の富裕層は旅に何を求めているか
「体験」が拓くラグジュアリー観光
山口由美

旅に大金を投じる世界の富裕層が求めるものは？　彼らの旅のスタンダードとは？　近年のラグジュアリー観光を概観し、安心や快適さではない、彼らが求める「本物の体験」を描き出す。

978-4-334-10294-4

1310
## 生き延びるために芸術は必要か
森村泰昌

歴史的な名画に扮したセルフポートレイト作品で知られ、「私」の意味を追求してきた美術家モリムラが、「芸術」を手がかりに「生き延びること」について綴ったM式・人生論ノート。

978-4-334-10295-1

1311
## 組織不正はいつも正しい
ソーシャル・アバランチを防ぐには
中原翔

燃費不正、不正会計、品質不正、軍事転用不正……。組織不正はなぜあとを絶たないのか——。気鋭の経営学者が、組織をめぐる「正しさ」に着目し、最新の研究成果を踏まえて考察する意欲作。

978-4-334-10322-4

1312
## 経営の力と伴走支援
「対話と傾聴」が組織を変える
角野然生

経営者との「対話と傾聴」を通じ、自立的な企業変革への道筋をつける「伴走支援」の枠組みを、第一人者の実践を基に示す。南山大学教授・中村和彦による、組織開発の視点での解説を収録。

978-4-334-10324-8

1313
## 英語ヒエラルキー
グローバル人材教育を受けた学生はなぜ不安なのか
佐々木テレサ
福島青史

英語で授業をするEMIプログラム。学部卒業生に日本語や承認の不安を覚える人が出ている。聞き取りを基に内実と問題点を提示。指導教員が多言語話者成長の苦悩と対策を解説。

978-4-334-10325-5

1314
## ナショナリズムと政治意識
「右」「左」の思い込みを解く
中井遼

政治的な左右と結びつけられがちなナショナリズムの概念を政治学の知見と国際比較からとらえなおし、日本人の政治意識が世界においてどれだけ普遍的もしくは特殊なものであるか検討する。

978-4-334-10323-1

1315
## 電車で怒られた！
「社会の縮図」としての鉄道マナー史
田中大介

「バッグが当たってんだよ！」。時に些細なことで殺伐とする電車内。なぜ人は電車でイラついてしまうのか？「車内の空気」の変遷を丹念にたどり、その先にある社会までを見通す一冊。

978-4-334-10351-4

1316
## なぜBBCだけが伝えられるのか
民意、戦争、王室からジャニーズまで
小林恭子

大戦による「危機」、政権からの「圧力」、そして王室との「確執」まで――。報道と放送の自由のために、メディアは何と向き合ってきたのか？ 在英ジャーナリストと辿る「BBCの一〇〇年」。

978-4-334-10352-1

1317
## 「ふつうの暮らし」を美学する
家から考える「日常美学」入門
青田麻未

家の中の日常に「美」はあるか？ 椅子、掃除、料理、地元、ルーティーンを例に、若手美学者が冴えわたる感性で切り込む。「美学」の中でも新しい学問領域、「日常美学」初の入門書。

978-4-334-10353-8

光文社新書

1318
# フランス　26の街の物語
池上英洋

フランスの魅力は豊かな個性をもつそれぞれの街にある――。美術史家が、人、芸術、歴史、世界遺産の観点から厳選した26の街を訪ね歩き、この国がもつ重層性と多面性を、新視点で綴る。

978-4-334-10354-5

1319
# 等身大の定年後
お金・働き方・生きがい
奥田祥子

再雇用、転職、フリーランス、NPO法人などでの社会貢献活動、そして管理職経験者のロールモデルに乏しい女性の定年後に焦点をあて、あるがままの〈等身大〉の定年後を浮き彫りにする。

978-4-334-10375-0

1320
# 日本の政策はなぜ機能しないのか？
EBPM《エビデンスに基づく政策》の導入と課題
杉谷和哉

データやファクトに基づき政策を作り、適切に評価する。当たり前のことのようで、これが難しい。その背景を公共政策学の知見から分析し、「政策の合理化」を機能させる条件を考える。

978-4-334-10376-7

1321
# 日本の古代とは何か
最新研究でわかった奈良時代と平安時代の実像
有富純也 編　磐下徹
十川陽一
黒須友里江
手嶋大侑　小塩慶

国家や地方は誰がどう支配していたのか？ 藤原氏は権力者だったのか？「唐風文化から国風文化へ」は本当？ 受領は本当に悪吏だったのか？…気鋭の研究者らが新たな国家像に迫る。

978-4-334-10377-4

1322
# 名画の力
宮下規久朗

名画の力とは、現場で作品に向き合ったときこそ発揮されるものなのだ――。伝統の力から現代美術、美術館まで。七つのテーマで美術の魅力をより深く味わう極上の美術史エッセイ。

978-4-334-10378-1